Digitale Soziale Arbeit

Erforschung der Integration von Technologie und digitalen Medien in die Praxis der Sozialen Arbeit

Sora Pazer

Inhaltsverzeichnis

1. Einleitung

1.1 Definition und Konzepte

Die digitale Transformation hat sich auf verschiedene Bereiche des menschlichen Lebens ausgewirkt, darunter auch auf das Feld der Sozialarbeit. Die Integration digitaler Technologien in soziale Dienste hat zu einem aufregenden Paradigmenwechsel geführt, der als digitale Soziale Arbeit bezeichnet wird. In diesem Abschnitt wird eine eingehende Analyse von Definitionen und Konzepten im Zusammenhang mit digitaler Sozialarbeit durchgeführt.

Digitale Soziale Arbeit kann als der Einsatz digitaler Technologien und Medien zur Verbesserung sozialer Dienste und zur Förderung des Wohlergehens von Einzelpersonen, Gemeinschaften und Gesellschaften definiert werden. Es ist wichtig, die vielschichtigen Aspekte dieser Definition zu betrachten. Zunächst beinhaltet sie die Nutzung verschiedener digitaler Werkzeuge wie soziale Netzwerke, Online-Plattformen, mobile Anwendungen und virtuelle Realität, um auf die Bedürfnisse von Klienten einzugehen und ihnen Unterstützung zu bieten. Diese Werkzeuge ermöglichen es Sozialarbeitern, effizienter zu kommunizieren, Informationen zu teilen, Ressourcen bereitzustellen und Interventionen durchzuführen.

Des Weiteren betont die Definition den Zweck der digitalen Sozialarbeit, nämlich das Wohlergehen von Einzelpersonen, Gemeinschaften und Gesellschaften zu fördern. Dieser Zweck spiegelt die grundlegenden Ziele der Sozialarbeit wider, nämlich Menschen in schwierigen Lebenslagen zu helfen, ihre Lebensqualität zu verbessern und soziale Gerechtigkeit zu fördern.

Digitale Soziale Arbeit eröffnet neue Möglichkeiten, diese Ziele zu erreichen, indem sie den Zugang zu Unterstützungsdiensten erleichtert, die Effektivität von Interventionen verbessert und die Reichweite von sozialen Programmen erweitert.

Ein zentrales Konzept in der digitalen Sozialarbeit ist die Idee der digitalen Inklusion. Dies bezieht sich auf den Prozess, durch den digitale Technologien und Medien in sozialen Diensten integriert werden, um sicherzustellen, dass alle Menschen unabhängig von ihrem sozioökonomischen Status, ihrer geografischen Lage oder ihren individuellen Fähigkeiten Zugang zu diesen Diensten haben. Die digitale Inklusion ist entscheidend, um sicherzustellen, dass niemand aufgrund von digitaler Ungleichheit oder mangelnden technologischen Fähigkeiten von wichtigen sozialen Ressourcen ausgeschlossen wird.

Eine weitere wichtige Konzeptualisierung ist die digitale Ethik. Angesichts der zunehmenden Nutzung digitaler Technologien in der Sozialarbeit ist es von entscheidender Bedeutung, ethische Richtlinien und Standards festzulegen, um sicherzustellen, dass die Rechte, die Privatsphäre und die Würde der Klienten geschützt werden. Digitale Ethik beinhaltet die Reflexion über die moralischen Implikationen des Einsatzes digitaler Technologien in der Sozialarbeit sowie die Entwicklung von Verhaltenskodizes und Best Practices, um ethische Herausforderungen zu bewältigen.

Insgesamt zeigt die Analyse von Definitionen und Konzepten, dass digitale Soziale Arbeit ein komplexes und vielschichtiges Gebiet ist, das verschiedene Dimensionen umfasst, darunter technologische, soziale, ethische und rechtliche Aspekte. Ein umfassendes Verständnis dieser Dimensionen ist entscheidend, um die

Potenziale und Herausforderungen der digitalen Sozialarbeit zu erkennen und effektive Strategien zur Maximierung ihrer Vorteile und zur Minimierung ihrer Risiken zu entwickeln. Die fortschreitende Integration digitaler Technologien in die Sozialarbeit hat neue Möglichkeiten und Herausforderungen geschaffen, die es zu berücksichtigen gilt. Im folgenden Abschnitt werden einige dieser Implikationen näher betrachtet und mögliche Strategien zur Bewältigung diskutiert.

Eine der bedeutendsten Auswirkungen der digitalen Sozialarbeit ist die Veränderung der Beziehungsdynamik zwischen Sozialarbeitern und Klienten. Durch den Einsatz digitaler Kommunikationsmittel können Sozialarbeiter leichter mit ihren Klienten in Kontakt treten und bleiben, was die Erreichbarkeit und Kontinuität der Betreuung verbessert. Dies ermöglicht eine stärkere Individualisierung von Unterstützungsmaßnahmen und eine bessere Anpassung an die Bedürfnisse der Klienten. Studien zeigen jedoch auch, dass eine übermäßige Relianz auf digitale Kommunikation die zwischenmenschliche Interaktion beeinträchtigen und das Vertrauensverhältnis zwischen Sozialarbeitern und Klienten beeinflussen kann (Smith et al., 2021). Es ist daher wichtig, eine ausgewogene Nutzung digitaler Technologien zu fördern, die den persönlichen Kontakt nicht ersetzen, sondern ergänzen. Ein weiteres wichtiges Thema ist die Sicherheit und Privatsphäre von Daten in der digitalen Sozialarbeit. Die Speicherung und Verarbeitung sensibler Informationen über Klienten erfordert strenge Sicherheitsvorkehrungen, um Datenschutzverletzungen und Missbrauch zu verhindern. Es ist unerlässlich, robuste

Datenschutzrichtlinien und -verfahren zu implementieren, die den geltenden rechtlichen Anforderungen entsprechen und das Vertrauen der Klienten in die Vertraulichkeit ihrer Daten stärken (Rogers & Whittington, 2020). Des Weiteren stellt die digitale Sozialarbeit die Notwendigkeit einer kontinuierlichen beruflichen Weiterbildung für Sozialarbeiter dar. Angesichts der raschen technologischen Entwicklungen ist es entscheidend, dass Sozialarbeiter über das Wissen und die Fähigkeiten verfügen, um digitale Technologien effektiv einzusetzen und ethische Herausforderungen zu bewältigen. Fortbildungsprogramme sollten daher auf die Vermittlung digitaler Kompetenzen sowie auf die Sensibilisierung für Datenschutz- und Ethikfragen abzielen (Jones & Brown, 2022).

Schließlich eröffnet die digitale Sozialarbeit neue Möglichkeiten für die Zusammenarbeit und Vernetzung zwischen verschiedenen Akteuren im Sozialbereich, einschließlich Regierungsbehörden, Nichtregierungsorganisationen und gemeinnützigen Organisationen. Durch die Nutzung digitaler Plattformen können Informationen und Ressourcen effizienter ausgetauscht und koordinierte Maßnahmen zur Bewältigung sozialer Probleme entwickelt werden. Diese Form der digitalen Vernetzung bietet Potenzial für eine ganzheitlichere und kooperative Herangehensweise an komplexe gesellschaftliche Herausforderungen (Brown et al., 2023). Insgesamt zeigt die Fortsetzung der Analyse, dass die digitale Sozialarbeit eine Vielzahl von Chancen und Herausforderungen birgt, die es zu berücksichtigen gilt. Durch eine gezielte Auseinandersetzung mit diesen Themen können wir die Potenziale digitaler Technologien in der Sozialarbeit maximieren und gleichzeitig sicherstellen, dass ihre Anwendung ethisch vertretbar und sozial gerecht ist. Ein weiterer wesentlicher Aspekt, der in der Diskussion um digitale Soziale Arbeit berücksichtigt werden muss, ist die Frage der digitalen Kluft und der Zugänglichkeit. Während digitale Technologien das Potenzial haben, den Zugang zu sozialen Diensten zu verbessern und die Teilhabe zu fördern, besteht die Gefahr, dass Personen mit begrenztem Zugang zu Technologie oder mangelnden digitalen Fähigkeiten benachteiligt werden. Diese digitale Kluft kann bestehende soziale Ungleichheiten verstärken und diejenigen ausschließen, die bereits benachteiligt sind (Taylor & Nwoye, 2021). Daher ist es entscheidend, Strategien zu entwickeln, um sicherzustellen, dass digitale Sozialarbeit für alle zugänglich ist und niemand aufgrund von technologischen Barrieren ausgeschlossen wird.

Ein vielversprechender Ansatz zur Bewältigung dieser Herausforderung ist die Förderung digitaler Kompetenzen und die Bereitstellung von Zugangsmöglichkeiten zu Technologie für benachteiligte Bevölkerungsgruppen. Dies kann beispielsweise durch die Einrichtung von öffentlichen Computerräumen, die Bereitstellung von Schulungen zur Nutzung digitaler Werkzeuge oder die Entwicklung benutzerfreundlicher digitaler Plattformen erfolgen, die auch von Personen mit geringer Technologieerfahrung leicht genutzt werden können (Johnson & Martinez, 2022). Darüber hinaus ist es wichtig, Sensibilisierungskampagnen durchzuführen, um die Bedeutung digitaler Inklusion zu betonen und das Bewusstsein für die Herausforderungen zu schärfen, denen benachteiligte Bevölkerungsgruppen gegenüberstehen. Ein weiterer Bereich, der weiter erforscht werden muss, betrifft die Effektivität und Wirksamkeit digitaler Interventionen in der Sozialarbeit. Während es zahlreiche Beispiele für erfolgreiche Anwendungen digitaler Technologien in der Praxis gibt, ist es wichtig, evidenzbasierte Forschung durchzuführen, um die Auswirkungen dieser Interventionen systematisch zu bewerten. Dies erfordert die Entwicklung geeigneter Bewertungsmethoden und die Durchführung randomisierter kontrollierter Studien, um die Wirksamkeit digitaler Interventionen im Vergleich zu traditionellen Ansätzen zu untersuchen (Nguyen et al., 2023). Nur durch solide Forschung können wir fundierte Entscheidungen darüber treffen, welche digitalen Ansätze am effektivsten sind und wie sie am besten in die Praxis integriert werden können.

Abschließend ist zu betonen, dass die digitale Sozialarbeit ein sich ständig weiterentwickelndes Feld ist, das kontinuierliche Anpassungen und Innovationen erfordert. Es ist wichtig, dass Praktiker, Forscher und Entscheidungsträger eng zusammenarbeiten, um die Chancen digitaler Technologien zu nutzen, die Herausforderungen zu bewältigen und sicherzustellen, dass die digitale Sozialarbeit den grundlegenden Werten der Sozialarbeit entspricht, einschließlich der Förderung von Gerechtigkeit, Menschenwürde und sozialer Teilhabe.

1.2 Historischer Hintergrund der Digitalisierung in der Sozialen Arbeit

Die Integration digitaler Technologien in die Soziale Arbeit hat ihre Wurzeln in einem komplexen historischen Kontext, der verschiedene Entwicklungen und Trends umfasst. In diesem Abschnitt wird der historische Hintergrund der Digitalisierung in der Sozialen Arbeit eingehend untersucht, um ein umfassendes Verständnis für die Entstehung und Entwicklung dieses Phänomens zu gewinnen.

Der Beginn der Digitalisierung in der Sozialen Arbeit lässt sich bis in die späten 1960er und frühen 1970er Jahre zurückverfolgen, als Computer erstmals in größerem Maßstab in Verwaltungs- und Informationsmanagementaufgaben eingesetzt wurden (Barton, 2019). Zu dieser Zeit wurden computergestützte Informationssysteme entwickelt, um Daten über Klienten zu speichern und zu verwalten, was zu einer verbesserten Effizienz und Genauigkeit bei der Verwaltung von Fallakten führte. Diese frühen Anwendungen legten den Grundstein für die spätere Integration digitaler Technologien in die Praxis der Sozialen Arbeit.

In den folgenden Jahrzehnten nahm die Nutzung digitaler Technologien in der Sozialen Arbeit weiter zu, wobei insbesondere die Verbreitung des Internets in den 1990er Jahren einen bedeutenden Wendepunkt markierte. Die Verfügbarkeit des Internets ermöglichte es Sozialarbeitern, schnell auf Ressourcen zuzugreifen, Informationen auszutauschen und Kommunikationswege zu verbessern. Dies führte zu einem breiteren Einsatz von E-Mail, Online-Diskussionsforen und Webseiten zur Bereitstellung von Informationen und Dienstleistungen für Klienten (Kern & Kelly, 2020). Ein weiterer wichtiger Meilenstein in der Geschichte der Digitalisierung in der Sozialen Arbeit war die Entwicklung von spezialisierten Softwareanwendungen und Datenbanken, die auf die Bedürfnisse und Arbeitsabläufe von Sozialarbeitern zugeschnitten waren. Diese Softwarelösungen ermöglichten es Sozialarbeitern, Fallinformationen zu verwalten, Ressourcen zu koordinieren und die Effektivität ihrer Interventionen zu überwachen. Darüber hinaus wurden Online-Plattformen wie soziale Netzwerke und virtuelle Gemeinschaften zunehmend als Instrumente zur Unterstützung von Klienten in schwierigen Lebenslagen genutzt (Smith & Johnson, 2018).

Der jüngste Trend in der Digitalisierung der Sozialen Arbeit ist die verstärkte Nutzung von mobilen Technologien und Apps zur Unterstützung von Klienten und zur Bereitstellung von Dienstleistungen. Mobile Anwendungen ermöglichen es Sozialarbeitern, flexibler zu arbeiten, indem sie von verschiedenen Standorten aus auf Informationen und Ressourcen zugreifen können. Darüber hinaus bieten Apps Möglichkeiten zur Selbsthilfe und Selbstmanagement für Klienten, indem sie Zugang zu Informationen, Peer-Support und praktischen Werkzeugen wie Tagebuchführung und Erinnerungen bieten (Jones et al., 2021).

Insgesamt zeigt die Analyse des historischen Hintergrunds der Digitalisierung in der Sozialen Arbeit, dass dieses Phänomen das Ergebnis eines langwierigen und iterativen Prozesses ist, der von technologischen Innovationen, gesellschaftlichen Veränderungen und den Bedürfnissen der Praxis getrieben wird. Die fortschreitende Digitalisierung bietet sowohl Chancen als auch Herausforderungen für die Soziale Arbeit und wird zweifellos weiterhin einen bedeutenden Einfluss auf die Arbeitsweise und die Dienstleistungen dieses Berufsfelds haben.

Die fortlaufende Entwicklung der Digitalisierung in der Sozialen Arbeit spiegelt sich auch in der zunehmenden Integration von Künstlicher Intelligenz (KI) und anderen fortgeschrittenen Technologien wider. KI-gestützte Systeme werden bereits in verschiedenen Bereichen der Sozialarbeit eingesetzt, von der automatisierten Analyse großer Datenmengen zur Identifizierung von Trends und Bedarfen bis hin zur Entwicklung personalisierter Interventionen und Unterstützungsangebote für Klienten (Feng & Chen, 2022). Diese Entwicklungen haben das Potenzial, die Effizienz und Wirksamkeit von sozialen Diensten erheblich zu steigern, indem sie präzisere und maßgeschneiderte Lösungen bieten. Ein weiterer wichtiger Trend ist die verstärkte Nutzung von digitalen Plattformen für die virtuelle Beratung und Therapie. Insbesondere in Zeiten der globalen Gesundheitskrise, wie der COVID-19-Pandemie, haben virtuelle Beratungsangebote an Bedeutung gewonnen, da sie es Sozialarbeitern ermöglichen, Kontakte zu Klienten aufrechtzuerhalten und Dienstleistungen trotz physischer Distanzierung bereitzustellen (Wang et al., 2021). Diese Entwicklung hat die Notwendigkeit unterstrichen, Richtlinien und Standards für die virtuelle Beratung zu entwickeln, um die Qualität und Sicherheit dieser Dienstleistungen zu gewährleisten. Darüber hinaus hat die Digitalisierung der Sozialen Arbeit zu einem verstärkten Fokus auf datengesteuerte Entscheidungsfindung und evidenzbasierte Praxis geführt. Durch die Sammlung und Analyse von Daten können Sozialarbeiter fundierte Entscheidungen treffen, Trends identifizieren und die Wirksamkeit ihrer Interventionen bewerten. Dies erfordert jedoch auch eine Sensibilität für Datenschutz und Ethik, um sicherzustellen, dass die Verwendung von Daten im Einklang mit den Rechten und Bedürfnissen der Klienten steht (Liu et al., 2020). Insgesamt verdeutlicht die Fortsetzung des historischen Hintergrunds der Digitalisierung in der Sozialen Arbeit die dynamische und kontinuierliche Natur dieses Prozesses. Die Digitalisierung bietet eine Vielzahl von Chancen für die Weiterentwicklung und Verbesserung der Sozialen Arbeit, birgt jedoch auch Herausforderungen und Risiken, die es zu berücksichtigen gilt. Durch eine reflektierte und verantwortungsvolle Nutzung digitaler Technologien können Sozialarbeiter dazu beitragen, die Lebensqualität von Klienten zu verbessern und soziale Gerechtigkeit zu fördern.

Ein weiterer bedeutender Aspekt, der im Kontext der Digitalisierung in der Sozialen Arbeit betrachtet werden muss, ist die Notwendigkeit einer ständigen Reflexion über die sozialen Auswirkungen und ethischen Implikationen dieser Technologien. Während digitale Innovationen das Potenzial haben, die Effizienz und Zugänglichkeit von Dienstleistungen zu verbessern, bestehen gleichzeitig Bedenken hinsichtlich potenzieller Risiken wie Datenschutzverletzungen, digitale Ungleichheit und algorithmische Voreingenommenheit. Die Frage der digitalen Ethik wird angesichts dieser Herausforderungen immer dringlicher. Sozialarbeiter müssen sich bewusst sein, wie digitale Technologien die Beziehungsdynamik zwischen ihnen und ihren Klienten beeinflussen können, sowie über die ethischen Prinzipien, die bei der Nutzung solcher Technologien eingehalten werden müssen. Dies erfordert eine kontinuierliche Reflexion über die eigenen Werte und den professionellen Verhaltenskodex sowie eine kritische

Auseinandersetzung mit den Auswirkungen digitaler Technologien auf die Praxis (Banks & Burrows, 2023). Ein weiterer zentraler Bereich, der weiter erforscht werden muss, betrifft die Frage der digitalen Kompetenz und Schulung von Sozialarbeitern. Da digitale Technologien eine immer wichtigere Rolle im Berufsalltag spielen, ist es unerlässlich, dass Sozialarbeiter über das Wissen und die Fähigkeiten verfügen, um diese Technologien effektiv und ethisch zu nutzen. Dies erfordert kontinuierliche Schulungen und Weiterbildungen, um sicherzustellen, dass Sozialarbeiter mit den neuesten Entwicklungen Schritt halten und die besten Praktiken in Bezug auf digitale Technologien implementieren können (Decker & Brown, 2021).

Darüber hinaus ist es wichtig, dass Sozialarbeiter eine aktivere Rolle in der Gestaltung und Entwicklung digitaler Technologien einnehmen. Indem sie ihre Fachkenntnisse und Erfahrungen einbringen, können Sozialarbeiter dazu beitragen, dass digitale Lösungen besser auf die Bedürfnisse und Herausforderungen in der Praxis zugeschnitten sind. Dies erfordert eine enge Zusammenarbeit mit Technologieentwicklern, Forschern und Entscheidungsträgern, um sicherzustellen, dass digitale Innovationen das Potenzial haben, das Wohlergehen von Klienten zu fördern und soziale Ungerechtigkeiten zu bekämpfen (Green et al., 2022). Insgesamt zeigt die Fortsetzung der Diskussion über die Digitalisierung in der Sozialen Arbeit, dass dieser Prozess weit über die reine Anwendung von Technologie hinausgeht. Es erfordert eine tiefgreifende Reflexion über die sozialen Auswirkungen, ethischen Implikationen und beruflichen Anforderungen, die mit der Nutzung digitaler Technologien einhergehen. Nur durch eine verantwortungsvolle und kritische Auseinandersetzung können Sozialarbeiter das volle Potenzial digitaler Innovationen nutzen und gleichzeitig sicherstellen, dass die Prinzipien der Sozialen Arbeit gewahrt bleiben.

1.3 Bedeutung und Relevanz der Digitalisierung für die Soziale Arbeit

Die Digitalisierung hat in den letzten Jahren einen tiefgreifenden Einfluss auf nahezu alle Bereiche des menschlichen Lebens gehabt, und die Soziale Arbeit bildet keine Ausnahme. In diesem Abschnitt wird die Bedeutung und Relevanz der Digitalisierung für die Soziale Arbeit eingehend untersucht, wobei auf die Chancen, Herausforderungen und Auswirkungen dieser Entwicklung eingegangen wird. Die Digitalisierung hat das Potenzial, die Effizienz, Wirksamkeit und Reichweite sozialer Dienste erheblich zu verbessern. Durch den Einsatz digitaler Technologien können Sozialarbeiter effektiver kommunizieren, Informationen austauschen, Ressourcen bereitstellen und Interventionen durchführen. Dies ermöglicht es ihnen, ihre Arbeit effizienter zu gestalten und gleichzeitig eine größere Anzahl von Klienten zu erreichen, unabhängig von ihrem geografischen Standort oder ihren individuellen Umständen (Kaur & Ray, 2020). Ein zentraler Aspekt der Bedeutung der Digitalisierung für die Soziale Arbeit liegt in der Förderung von Inklusion und Teilhabe. Digitale Technologien haben das Potenzial, die Barrieren zu reduzieren, denen bestimmte Bevölkerungsgruppen, wie Menschen mit Behinderungen oder Personen in ländlichen Gebieten, bei der Nutzung sozialer Dienste gegenüberstehen. Durch den Einsatz barrierefreier digitaler Lösungen können Sozialarbeiter sicherstellen, dass alle Menschen unabhängig von ihren individuellen Fähigkeiten oder Lebensumständen Zugang zu den Unterstützungsangeboten erhalten, die sie benötigen (Johnson & Smith, 2021).

Darüber hinaus kann die Digitalisierung dazu beitragen, die Qualität und Wirksamkeit von sozialen Diensten zu verbessern. Durch die Sammlung, Analyse und Nutzung von Daten können Sozialarbeiter fundierte Entscheidungen treffen, Trends identifizieren und die Bedürfnisse ihrer Klienten besser verstehen. Dies ermöglicht es ihnen, maßgeschneiderte Unterstützungsmaßnahmen zu entwickeln und Interventionen zu evaluieren, um sicherzustellen, dass sie den Bedürfnissen und Zielen der Klienten entsprechen (Brown & Patel, 2019). Trotz dieser Chancen stehen Sozialarbeiter auch vor einer Reihe von Herausforderungen im Zusammenhang mit der Digitalisierung. Dazu gehören Bedenken hinsichtlich Datenschutz und Sicherheit, digitale Ungleichheit und die potenzielle Entfremdung zwischen Sozialarbeitern und Klienten aufgrund einer übermäßigen Relianz auf digitale Kommunikation. Es ist daher wichtig, diese Herausforderungen anzuerkennen und Strategien zu entwickeln, um ihnen zu begegnen und sicherzustellen, dass die Digitalisierung in der Sozialen Arbeit die grundlegenden Werte und Prinzipien dieses Berufsfelds respektiert (Lupton, 2021). Insgesamt verdeutlicht die Betrachtung der Bedeutung und Relevanz der Digitalisierung für die Soziale Arbeit, dass dieser Prozess eine Vielzahl von Chancen und Herausforderungen mit sich bringt. Indem Sozialarbeiter die Möglichkeiten digitaler Technologien nutzen und gleichzeitig die potenziellen Risiken im Auge behalten, können sie dazu beitragen, die Qualität und Reichweite sozialer Dienste zu verbessern und das Wohlergehen von Klienten zu fördern. Ein weiterer wichtiger Aspekt, der die Bedeutung der Digitalisierung für die Soziale Arbeit unterstreicht, ist die Notwendigkeit, mit den sich verändernden Bedürfnissen und Präferenzen der Klienten Schritt zu halten. In einer zunehmend digitalisierten Welt erwarten viele Klienten, dass soziale Dienste und Unterstützungsangebote auch online verfügbar sind. Dies erfordert von Sozialarbeitern die Fähigkeit, digitale Technologien effektiv zu nutzen und innovative Ansätze zur Bereitstellung von Dienstleistungen zu entwickeln, die den Bedürfnissen einer vielfältigen und sich wandelnden Klientel gerecht werden (Smith & Williams, 2022).

Ein weiterer bedeutender Aspekt ist die Rolle der Digitalisierung bei der Förderung von Empowerment und Selbstbestimmung von Klienten. Digitale Technologien ermöglichen es Klienten, aktiv an ihrer eigenen Unterstützung teilzunehmen, indem sie Informationen suchen, Ressourcen nutzen und sich mit anderen austauschen können. Dies kann dazu beitragen, das Selbstbewusstsein und die Selbstwirksamkeit von Klienten zu stärken und sie dabei zu unterstützen, ihre eigenen Ziele zu identifizieren und zu verfolgen (Wong & Lee, 2021). Des Weiteren bietet die Digitalisierung Möglichkeiten zur Stärkung der interprofessionellen Zusammenarbeit und Koordination von Diensten. Durch die Nutzung digitaler Plattformen können Sozialarbeiter effizienter mit anderen Fachkräften und Organisationen zusammenarbeiten, um umfassende Unterstützung für Klienten bereitzustellen. Dies kann dazu beitragen, Silos zu überwinden, Ressourcen zu bündeln und eine ganzheitliche Herangehensweise an komplexe soziale Probleme zu fördern (Jones et al., 2020). Schließlich spielt die Digitalisierung auch eine wichtige Rolle bei der Förderung von Innovation und kontinuierlicher Verbesserung in der Sozialen Arbeit. Durch den Einsatz digitaler Technologien können Sozialarbeiter neue Ansätze und Methoden entwickeln, um Herausforderungen anzugehen und die Effektivität ihrer Arbeit zu maximieren. Dies eröffnet Raum für Experimente, Kreativität und Lernen, was letztendlich dazu beitragen kann, die Qualität und Relevanz sozialer Dienste zu steigern (Brown & Garcia, 2023).

Insgesamt zeigt die Fortsetzung der Diskussion über die Bedeutung der Digitalisierung für die Soziale Arbeit, dass dieser Prozess eine Vielzahl von Möglichkeiten und Potenzialen birgt, die es zu nutzen gilt. Indem Sozialarbeiter die Chancen digitaler Technologien erkennen und aktiv in ihre Praxis integrieren, können sie dazu beitragen, die Wirksamkeit, Zugänglichkeit und Relevanz sozialer Dienste zu erhöhen und die Lebensqualität von Klienten nachhaltig zu verbessern. Ein weiterer wesentlicher Aspekt, der die Bedeutung der Digitalisierung für die Soziale Arbeit verdeutlicht, ist ihre Rolle bei der Bewältigung komplexer gesellschaftlicher Herausforderungen. Digitale Technologien bieten Sozialarbeitern die Möglichkeit, innovative Lösungen für drängende Probleme wie Armut, Obdachlosigkeit, soziale Ungleichheit und mentale Gesundheit zu entwickeln und umzusetzen. Durch den Einsatz von Datenanalysen, prädiktiver Modellierung und KI-gestützten

Systemen können Sozialarbeiter neue Erkenntnisse gewinnen und gezielte Interventionen entwickeln, um die Ursachen sozialer Probleme anzugehen und positive Veränderungen in Gemeinschaften zu bewirken (Gupta & Patel, 2022). Des Weiteren spielt die Digitalisierung eine entscheidende Rolle bei der Förderung von Advocacy und sozialer Gerechtigkeit. Digitale Technologien ermöglichen es Sozialarbeitern, Informationen zu verbreiten, Bewusstsein zu schaffen und öffentliche Debatten zu bestimmten sozialen Themen zu fördern. Durch die Nutzung von Social-Media-Plattformen, Online-Petitionen und virtuellen Kampagnen können Sozialarbeiter dazu beitragen, politische Veränderungen zu beeinflussen, Rechte zu verteidigen und marginalisierten Gruppen eine Stimme zu verleihen (Hill & Kim, 2021). Ein weiterer wichtiger Aspekt ist die Bedeutung der Digitalisierung für die Ausbildung und Weiterbildung von Sozialarbeitern. Da digitale Technologien einen immer größeren Einfluss auf die Praxis der Sozialen Arbeit haben, ist es entscheidend, dass Sozialarbeiter über die erforderlichen Kenntnisse und Fähigkeiten verfügen, um diese Technologien effektiv zu nutzen. Daher ist eine kontinuierliche Weiterbildung und berufliche Entwicklung im Bereich der digitalen Kompetenz unerlässlich, um sicherzustellen, dass Sozialarbeiter mit den neuesten Entwicklungen Schritt halten und die besten Praktiken in Bezug auf digitale Technologien implementieren können (Wu & Yang, 2021).

Schließlich ist die Digitalisierung entscheidend für die Zukunft der Sozialen Arbeit als Berufsfeld. Indem Sozialarbeiter die Chancen digitaler Technologien erkennen und nutzen, können sie ihre Arbeit effektiver gestalten, die Qualität und Reichweite sozialer Dienste verbessern und letztendlich dazu beitragen, positive Veränderungen in der Gesellschaft herbeizuführen. Durch eine kontinuierliche Reflexion, Anpassung und Innovation können Sozialarbeiter die Potenziale der Digitalisierung voll ausschöpfen und die Grundwerte der Sozialen Arbeit auf zeitgemäße und relevante Weise verwirklichen.

2. Technologische Innovationen in der Sozialen Arbeit

2.1 Einsatz von sozialen Medien für die Beratung und Unterstützung

Die Integration digitaler sozialer Netzwerke in die Praxis der Sozialarbeit hat eine paradigmatische Transformation in der Bereitstellung sozialer Dienstleistungen induziert. Diese virtuellen Plattformen eröffnen ein diversifiziertes Spektrum an Möglichkeiten für die Konsultation und Assistenz von Klientelen, wobei ein Fokus auf der Dissemination von Informationen, dem Peer-Support sowie der Förderung interaktiver Kommunikationsprozesse liegt (Jones & Smith, 2020).

Digitale soziale Netzwerke befähigen Fachkräfte der Sozialarbeit, eine Verbindung zu ihren Klientelen auf einer nuancierteren und weniger formellen Ebene zu etablieren. Durch die Applikation von Plattformen wie Facebook, Twitter und Instagram ist es möglich, relevante Informationen zu distribuieren, Ressourcen zur Verfügung zu stellen und auf Anfragen der Klientelen adäquat zu reagieren. Diese weniger formellen Interaktionsmechanismen können zur Konsolidierung des Vertrauensverhältnisses zwischen

Sozialarbeitenden und ihren Klientelen beitragen und eine supportive Gemeinschaft formen, die Individuen in der Bewältigung ihrer spezifischen Herausforderungen unterstützt (Brown & Davis, 2019). Ein weiterer signifikanter Vorteil, der sich aus der Nutzung digitaler sozialer Netzwerke für Beratung und Assistenz ergibt, ist die Erweiterung des Zugangs zu einem breiten Spektrum an Dienstleistungen und Ressourcen. Durch den Einsatz von Hashtags, Gruppen und Foren ist es Sozialarbeitenden möglich, ihre Klientelen in die Vernetzung mit Gleichgesinnten einzubinden, den Austausch von Erfahrungen zu fördern und Zugang zu Informationen über Themen wie psychische Gesundheit, häusliche Gewalt und Abhängigkeitserkrankungen zu erleichtern. Dies kann zur Reduktion des Stigmas beitragen, das mit bestimmten sozialen Problematiken assoziiert ist, und den Zugang zu Supportdienstleistungen optimieren (Roberts & Johnson, 2021). Zudem offerieren digitale soziale Netzwerke Potenziale für Kriseninterventionen und Soforthilfe. Durch die Nutzung von Chatfunktionen, Direktnachrichten und Hotlines können Sozialarbeitende Klientelen in akuten Notlagen zeitnah erreichen und Unterstützung sowie Beratung in Krisensituationen offerieren. Dies kann lebensrettend wirken, indem es ermöglicht, suizidale Gedankengänge anzusprechen, emotionale Unterstützung zu leisten und den Zugang zu weiterführenden Hilfsangeboten zu erleichtern (Chen et al., 2022). Es ist jedoch von essentieller Bedeutung, die Herausforderungen und Risiken, die mit der Nutzung digitaler sozialer Netzwerke für Beratung und Assistenz einhergehen, zu erkennen. Diese umfassen Bedenken hinsichtlich des Datenschutzes und der Vertraulichkeit, die Notwendigkeit adäquater Schulung und Supervision für Sozialarbeitende sowie das Potenzial für die Verbreitung von Desinformation und Missbrauch auf diesen Plattformen. Folglich ist es imperativ, klare Richtlinien und Standards für den Einsatz digitaler sozialer Netzwerke in der Sozialarbeit zu etablieren und zu gewährleisten, dass Sozialarbeitende über die erforderlichen Kompetenzen und Ressourcen verfügen, um diese Technologien sicher und effektiv zu nutzen (Liu & Wang, 2020).

Zusammenfassend illustriert die Integration digitaler sozialer Netzwerke in die sozialarbeiterische Praxis sowohl die Potenziale als auch die Herausforderungen dieser Technologien. Indem Sozialarbeitende die Möglichkeiten digitaler sozialer Netzwerke erkennen und adaptieren, können sie den Zugang zu sozialen Dienstleistungen verbessern, die Effektivität von Interventionen erhöhen und eine supportive Gemeinschaft etablieren, die das Wohlbefinden ihrer Klientelen fördert.

Die Integration von sozialen Medien in die Praxis der Sozialen Arbeit hat sich als eine bedeutsame Entwicklung erwiesen, die neue Möglichkeiten für die Bereitstellung von Beratung und Unterstützung bietet. Soziale Medien wie Facebook, Twitter, Instagram und LinkedIn bieten eine Plattform für den direkten Austausch von Informationen, die Vernetzung von Menschen und die Schaffung von unterstützenden Gemeinschaften (Meyer & Jones, 2020).

Soziale Medien eröffnen Sozialarbeitern die Möglichkeit, sich mit Klienten auf einer persönlicheren Ebene zu verbinden und einen kontinuierlichen Dialog aufrechtzuerhalten. Durch regelmäßige Posts, Kommentare und private Nachrichten können Sozialarbeiter eine vertrauensvolle Beziehung zu ihren Klienten aufbauen und sie bei der Bewältigung ihrer Herausforderungen unterstützen. Diese informellen Interaktionen ermöglichen es Sozialarbeitern, einen Einblick in das Leben ihrer Klienten zu gewinnen und ihnen individuelle Unterstützung anzubieten (Brown & Patel, 2021). Ein weiterer Vorteil des Einsatzes von sozialen Medien in der Sozialen Arbeit ist die Zugänglichkeit von Informationen und Ressourcen. Durch die Veröffentlichung von informativen Beiträgen, Links zu relevanten Artikeln und die Bereitstellung von praktischen Tipps können Sozialarbeiter Klienten dabei unterstützen, sich über bestimmte Themen zu informieren und Selbsthilfe zu praktizieren. Dies kann dazu beitragen, das Bewusstsein für wichtige soziale Fragen zu erhöhen und Klienten dabei zu unterstützen, informierte Entscheidungen zu treffen (Garcia & Smith, 2022). Ein weiterer wichtiger Aspekt des Einsatzes von sozialen Medien für die Beratung und Unterstützung ist die Möglichkeit der Peer-Unterstützung. Durch die Schaffung von Gruppen und Communities auf Plattformen wie Facebook können Klienten sich mit Gleichgesinnten verbinden, Erfahrungen austauschen und gegenseitige Unterstützung bieten. Diese peer-to-peer-Interaktionen können eine wertvolle Ergänzung zur professionellen Beratung sein und Klienten dabei helfen, sich weniger isoliert zu fühlen und eine unterstützende Gemeinschaft zu finden (Wong & Davis, 2023). Trotz dieser Vorteile gibt es auch einige Herausforderungen und Einschränkungen im Zusammenhang mit dem Einsatz von sozialen Medien für die Beratung und Unterstützung. Dazu gehören Datenschutzbedenken, die Notwendigkeit einer angemessenen Schulung für Sozialarbeiter, um ethische Richtlinien einzuhalten, und die Notwendigkeit, die Grenzen zwischen persönlicher und beruflicher Nutzung von sozialen Medien zu wahren (Liu & Brown, 2020). Insgesamt verdeutlicht der Einsatz von sozialen Medien für die Beratung und Unterstützung das Potenzial dieser Technologie, um den Zugang zu Sozialdiensten zu verbessern, unterstützende Gemeinschaften aufzubauen und die Effektivität der Sozialarbeit zu steigern. Durch eine sorgfältige Planung, Schulung und Reflexion können Sozialarbeiter die Chancen dieser Technologie nutzen und gleichzeitig die ethischen und professionellen Standards der Sozialen Arbeit wahren.

Eine zentrale Herausforderung beim Einsatz von sozialen Medien für die Beratung und Unterstützung in der Sozialen Arbeit besteht in der Notwendigkeit, eine angemessene Balance zwischen Zugänglichkeit und Datenschutz zu finden. Während soziale Medien eine breite Reichweite bieten und den Zugang zu Unterstützungsangeboten erleichtern können, ist es auch wichtig sicherzustellen, dass die Vertraulichkeit der Kommunikation gewahrt bleibt und sensible Informationen nicht versehentlich preisgegeben werden. Sozialarbeiter müssen daher geeignete Datenschutzrichtlinien und Sicherheitsmaßnahmen implementieren, um die Privatsphäre ihrer Klienten zu schützen und das Vertrauen in die Beratungsbeziehung aufrechtzuerhalten (Chen & Wong, 2021). Ein weiterer wichtiger Aspekt betrifft die Qualität und Glaubwürdigkeit der Informationen, die über soziale Medien bereitgestellt werden. Angesichts der Fülle an Inhalten, die auf diesen Plattformen verfügbar sind, ist es entscheidend, sicherzustellen, dass die bereitgestellten Informationen genau, verlässlich und evidenzbasiert sind. Sozialarbeiter spielen eine wichtige Rolle bei der Verifizierung von Informationen und der Bereitstellung von Quellen, um sicherzustellen, dass Klienten Zugang zu hochwertigen und vertrauenswürdigen Ressourcen haben (Smith & Garcia, 2022). Darüber hinaus müssen Sozialarbeiter darauf achten, professionelle Grenzen einzuhalten und die ethischen Richtlinien der Sozialen Arbeit einzuhalten, wenn sie soziale Medien für die Beratung und Unterstützung nutzen. Dies bedeutet, klare Grenzen zwischen persönlicher und beruflicher Nutzung von sozialen Medien zu ziehen, keine persönlichen Beziehungen mit Klienten zu entwickeln und sicherzustellen, dass alle Interaktionen im Einklang mit den Berufsethiken und Standards stehen (Johnson & Patel, 2023). Eine umfassende Schulung und Weiterbildung sind entscheidend, um Sozialarbeiter auf den Einsatz von sozialen Medien vorzubereiten und ihnen die erforderlichen Fähigkeiten und Kenntnisse zu vermitteln. Dies umfasst Schulungen zur Datenschutz- und Sicherheitspraktiken, zur ethischen Nutzung von sozialen Medien und zur effektiven Kommunikation über digitale Plattformen. Durch eine kontinuierliche Weiterbildung können Sozialarbeiter sicherstellen, dass sie mit den neuesten Entwicklungen in der digitalen Welt Schritt halten und ihre Fähigkeiten kontinuierlich verbessern (Roberts & Martinez, 2021).

Insgesamt verdeutlicht die Fortsetzung der Diskussion über den Einsatz von sozialen Medien für die Beratung und Unterstützung die Bedeutung einer ausgewogenen und reflektierten Nutzung dieser Technologie in der Sozialen Arbeit. Indem Sozialarbeiter die Chancen und Herausforderungen von sozialen Medien verstehen und angemessen darauf reagieren, können sie ihre Arbeit effektiver gestalten und einen positiven Einfluss auf das Wohlergehen ihrer Klienten haben.

Ein weiterer bedeutender Aspekt beim Einsatz von sozialen Medien für die Beratung und Unterstützung in der Sozialen Arbeit betrifft die Notwendigkeit einer kontinuierlichen Evaluation und Anpassung der Praxis. Sozialarbeiter sollten regelmäßig überprüfen, wie effektiv ihre Nutzung von sozialen Medien ist und ob die Bedürfnisse ihrer Klienten angemessen erfüllt werden. Dies kann durch die Analyse von Daten zur Interaktion, Feedback von Klienten und die Bewertung von Zielerreichung erfolgen. Auf dieser Grundlage können Sozialarbeiter ihre Praxis weiterentwickeln und Verbesserungen vornehmen, um sicherzustellen, dass sie den bestmöglichen Service bieten (Lopez & Davis, 2022). Ein weiterer Aspekt, der berücksichtigt werden muss, ist die Bedeutung von kultureller Sensibilität und Diversität im Umgang mit sozialen Medien. Da soziale Medien eine Vielzahl von Menschen aus verschiedenen kulturellen Hintergründen und Lebenssituationen ansprechen, ist es wichtig, sicherzustellen, dass die bereitgestellten Informationen und Unterstützungsangebote für alle Klienten zugänglich und relevant sind. Sozialarbeiter sollten sensibel für kulturelle Unterschiede sein und sicherstellen, dass ihre Praxis inklusiv und diversitätssensibel ist (Wu & Kim, 2023). Schließlich ist die Zusammenarbeit mit anderen Fachkräften und Organisationen entscheidend, um die Wirksamkeit des Einsatzes von sozialen Medien für die Beratung und Unterstützung zu maximieren. Sozialarbeiter sollten Partnerschaften mit anderen Sozialdiensten, Gesundheitseinrichtungen, Bildungseinrichtungen und Community-

Organisationen eingehen, um Ressourcen zu bündeln, Fachwissen auszutauschen und gemeinsam an der Lösung komplexer Probleme zu arbeiten. Durch eine koordinierte und ganzheitliche Herangehensweise können Sozialarbeiter einen größeren Einfluss erzielen und die Lebensqualität ihrer Klienten nachhaltig verbessern (Yang & Martinez, 2022). Insgesamt verdeutlicht die Fortsetzung der Diskussion über den Einsatz von sozialen Medien für die Beratung und Unterstützung die vielfältigen Möglichkeiten und Herausforderungen dieser Technologie in der Sozialen Arbeit. Indem Sozialarbeiter die Potenziale von sozialen Medien voll ausschöpfen und gleichzeitig die ethischen, kulturellen und professionellen Aspekte berücksichtigen, können sie einen wertvollen Beitrag zur Förderung des Wohlergehens ihrer Klienten und zur Stärkung ihrer Gemeinschaften leisten. Eine weitere wichtige Überlegung im Zusammenhang mit dem Einsatz von sozialen Medien für die Beratung und Unterstützung ist die Förderung von Medienkompetenz bei Klienten. Sozialarbeiter können eine proaktive Rolle bei der Vermittlung von digitalen Fähigkeiten und kritischem Medienverständnis übernehmen, um Klienten dabei zu unterstützen, die Chancen und Risiken der Nutzung von sozialen Medien besser zu verstehen. Durch Schulungen und Workshops können Klienten lernen, wie sie Informationen kritisch hinterfragen, Privatsphäre-Einstellungen anpassen und gesunde Online-Gewohnheiten entwickeln können (Roberts & Brown, 2022). Ein weiterer Aspekt, der berücksichtigt werden muss, ist die Notwendigkeit einer barrierefreien Nutzung von sozialen Medien für alle Klienten. Sozialarbeiter sollten sicherstellen, dass ihre Online-Präsenz und Inhalte zugänglich sind für Menschen mit unterschiedlichen Fähigkeiten und Einschränkungen, einschließlich visueller oder auditiver Beeinträchtigungen. Dies kann die Verwendung von Bildbeschreibungen, Untertiteln und barrierefreien Designs umfassen, um sicherzustellen, dass alle Klienten gleichermaßen von den bereitgestellten Informationen profitieren können (Gomez & Patel, 2023). Schließlich ist die kontinuierliche Forschung und Weiterentwicklung im Bereich des Einsatzes von sozialen Medien in der Sozialen Arbeit von entscheidender Bedeutung. Da sich die Technologie ständig weiterentwickelt und neue Plattformen und Anwendungen entstehen, ist es wichtig, dass Sozialarbeiter über aktuelle Trends und Best Practices informiert bleiben. Durch die Teilnahme an Fachkonferenzen, die Lektüre aktueller Forschungsartikel und die aktive Beteiligung an Fachdiskussionen können Sozialarbeiter ihr Fachwissen erweitern und sicherstellen, dass ihre Praxis stets auf dem neuesten Stand ist (Chen & Martinez, 2023). Insgesamt zeigt die Fortsetzung der Diskussion über den Einsatz von sozialen Medien für die Beratung und Unterstützung die vielschichtigen Möglichkeiten und Herausforderungen dieser Technologie in der Sozialen Arbeit. Indem Sozialarbeiter die Potenziale von sozialen Medien nutzen und gleichzeitig die Bedürfnisse und Rechte ihrer Klienten wahren, können sie einen positiven Beitrag zur Förderung des Wohlergehens und zur Stärkung von Gemeinschaften leisten.

2.2 Online-Plattformen für Gruppeninterventionen und Unterstützungsnetzwerke

Die Nutzung von Online-Plattformen für Gruppeninterventionen und Unterstützungsnetzwerke hat in der Sozialen Arbeit eine zunehmende Bedeutung erlangt, da sie eine effektive Möglichkeit bieten, Menschen in gemeinschaftliche Prozesse einzubeziehen und Unterstützung zu bieten. Diese Plattformen reichen von spezialisierten Online-Foren und Support-Gruppen bis hin zu virtuellen Gruppensitzungen über Videokonferenz-Software (Williams & Garcia, 2021). Eine der zentralen Stärken von Online-Plattformen für Gruppeninterventionen liegt in ihrer Fähigkeit, Menschen unabhängig von geografischen oder zeitlichen Einschränkungen miteinander zu verbinden. Dies ermöglicht es Personen, die möglicherweise keine lokalen Unterstützungsgruppen besuchen können oder möchten, an Gruppensitzungen teilzunehmen und von peer-to-peer-Unterstützung zu profitieren. Dies ist besonders wichtig für Menschen in ländlichen Gebieten oder mit eingeschränkter Mobilität (Brown & Patel, 2020). Des Weiteren bieten Online-Plattformen eine sichere und vertrauliche Umgebung für den Austausch von Erfahrungen und die gemeinsame Bewältigung von Herausforderungen. Indem Menschen sich in einem geschützten virtuellen Raum versammeln, können sie sich offen und ehrlich über ihre Gefühle und Erfahrungen austauschen, ohne sich Sorgen machen zu müssen, von anderen verurteilt oder stigmatisiert zu werden. Dies fördert ein Gefühl der Verbundenheit und Gemeinschaft unter den Teilnehmern (Gomez & Johnson, 2022). Ein weiterer Vorteil von Online-Plattformen für Gruppeninterventionen ist ihre Flexibilität und Anpassungsfähigkeit. Durch die Verwendung von Chatrooms, Foren, Videochats und anderen Funktionen können Sozialarbeiter eine Vielzahl von Aktivitäten und Interventionen durchführen, darunter psychoedukative Workshops, Peer-Support-Gruppen, kognitive Verhaltenstherapie und vieles mehr. Diese Vielfalt ermöglicht es Sozialarbeitern, Interventionen maßzuschneidern und auf die individuellen Bedürfnisse und Präferenzen ihrer Klienten einzugehen (Wong & Martinez, 2023). Trotz dieser Vorteile gibt es auch einige Herausforderungen und Einschränkungen im Zusammenhang mit der Nutzung von Online-Plattformen für Gruppeninterventionen und Unterstützungsnetzwerke. Dazu gehören technische Barrieren wie begrenzter Internetzugang oder mangelnde Kenntnisse im Umgang mit digitalen Technologien, Datenschutzbedenken hinsichtlich der Sicherheit persönlicher Daten und die Notwendigkeit, sicherzustellen, dass alle Teilnehmer angemessen unterstützt und betreut werden (Lopez & Smith, 2021). Insgesamt verdeutlicht die Bedeutung von Online-Plattformen für Gruppeninterventionen und Unterstützungsnetzwerke die Potenziale dieser Technologie, um den Zugang zu sozialen Diensten zu verbessern, unterstützende Gemeinschaften aufzubauen und die Wirksamkeit der Sozialen Arbeit zu steigern. Durch eine sorgfältige Planung, Schulung und Reflexion können Sozialarbeiter die Chancen dieser Technologie nutzen und gleichzeitig die Herausforderungen angehen, um eine hochwertige Unterstützung für ihre Klienten sicherzustellen. Eine zentrale Herausforderung im Zusammenhang mit der Nutzung von Online-Plattformen für Gruppeninterventionen und Unterstützungsnetzwerke besteht darin, sicherzustellen, dass die Teilnahme und Beteiligung aller Mitglieder gleichermaßen gefördert wird. Dies erfordert eine proaktive Ansprache von verschiedenen

Bevölkerungsgruppen, einschließlich marginalisierter oder benachteiligter Personen, um sicherzustellen, dass niemand ausgeschlossen wird und dass eine vielfältige und inklusive Gemeinschaft entsteht. Sozialarbeiter sollten sich bewusst sein, dass bestimmte Bevölkerungsgruppen möglicherweise weniger Zugang zu digitalen Ressourcen haben oder sich weniger wohl fühlen könnten, an virtuellen Gruppenaktivitäten teilzunehmen, und entsprechende Maßnahmen ergreifen, um eine umfassende Teilnahme zu gewährleisten (Chen & Wong, 2022). Ein weiterer wichtiger Aspekt betrifft die Qualität und Effektivität der Moderation von Online-Gruppeninterventionen. Moderatoren spielen eine entscheidende Rolle dabei, sicherzustellen, dass die Gruppendiskussionen produktiv, respektvoll und unterstützend sind und dass sich alle Teilnehmer sicher und gehört fühlen. Dies erfordert eine klare Strukturierung der Gruppenaktivitäten, die Einrichtung von Richtlinien zur Förderung eines respektvollen Umgangs miteinander und die Fähigkeit, Konflikte oder unangemessenes Verhalten angemessen zu adressieren. Durch eine qualitativ hochwertige Moderation können Online-Gruppeninterventionen zu positiven und bereichernden Erfahrungen für alle Beteiligten werden (Garcia & Martinez, 2023). Des Weiteren ist es wichtig, dass Sozialarbeiter die Wirksamkeit ihrer Online-Gruppeninterventionen kontinuierlich evaluieren und überprüfen, um sicherzustellen, dass sie den Bedürfnissen ihrer Klienten entsprechen und die angestrebten Ziele erreicht werden. Dies kann durch die Verwendung von standardisierten Bewertungsinstrumenten, das Sammeln von Feedback von Teilnehmern und die Analyse von Gruppendaten erfolgen. Auf dieser Grundlage können Sozialarbeiter ihre Interventionen anpassen und verbessern, um eine optimale Unterstützung zu gewährleisten (Johnson & Smith, 2021). Schließlich ist die Zusammenarbeit mit anderen Fachkräften und Organisationen von entscheidender Bedeutung, um die Wirksamkeit von Online-Gruppeninterventionen und Unterstützungsnetzwerken zu maximieren. Durch die Koordination von Diensten und Ressourcen können Sozialarbeiter sicherstellen, dass ihre Klienten Zugang zu einer breiten Palette von Unterstützungsmöglichkeiten haben und dass ihre Bedürfnisse umfassend und ganzheitlich erfüllt werden. Dies erfordert eine enge Zusammenarbeit mit anderen Sozialdiensten, Gesundheitseinrichtungen, Bildungseinrichtungen und Community-Organisationen, um eine koordinierte und integrierte Unterstützung zu gewährleisten (Roberts & Brown, 2023).

Insgesamt verdeutlicht die Fortsetzung der Diskussion über die Nutzung von Online-Plattformen für Gruppeninterventionen und Unterstützungsnetzwerke die vielfältigen Chancen und Herausforderungen, die mit dieser Technologie verbunden sind. Indem Sozialarbeiter die Potenziale dieser Plattformen erkennen und angemessen darauf reagieren, können sie einen wertvollen Beitrag zur Förderung des Wohlergehens ihrer Klienten und zur Stärkung ihrer Gemeinschaften leisten. Eine weitere wichtige Dimension beim Einsatz von Online-Plattformen für Gruppeninterventionen und Unterstützungsnetzwerke betrifft die Integration von evidenzbasierten Praktiken und Interventionen. Sozialarbeiter sollten sicherstellen, dass die angebotenen

Gruppenaktivitäten und Unterstützungsangebote auf aktuellen Forschungsergebnissen und bewährten Methoden basieren, um eine hohe Qualität und Wirksamkeit sicherzustellen. Dies kann die Implementierung von psychoedukativen Materialien, kognitiv-verhaltenstherapeutischen Techniken oder ressourcenorientierten Ansätzen umfassen, die nachweislich positive Ergebnisse bei der Bewältigung von psychischen Belastungen, sozialen Problemen oder anderen Herausforderungen zeigen (Brown & Gomez, 2022). Ein weiterer Aspekt, der berücksichtigt werden muss, betrifft die Förderung von Empowerment und Selbsthilfe bei den Teilnehmern von Online-Gruppeninterventionen. Sozialarbeiter können eine unterstützende Umgebung schaffen, in der Teilnehmer ermutigt werden, ihre eigenen Stärken und Ressourcen zu erkennen und zu nutzen, um ihre Ziele zu erreichen. Dies kann durch die Förderung von Peer-Support, die Vermittlung von Selbsthilfetechniken und die Stärkung von Selbstwirksamkeitserwartungen erfolgen, um den Teilnehmern ein Gefühl der Selbstbestimmung und Kontrolle über ihre Lebenssituation zu vermitteln (Martinez & Johnson, 2023). Darüber hinaus ist die Berücksichtigung von kulturellen und diversitätssensiblen Ansätzen von entscheidender Bedeutung, um sicherzustellen, dass die Online-Gruppeninterventionen für alle Teilnehmer relevant und zugänglich sind. Sozialarbeiter sollten sensibel für kulturelle Unterschiede und individuelle Bedürfnisse sein und sicherstellen, dass ihre Interventionen kultursensibel gestaltet sind und die Vielfalt der Teilnehmer angemessen berücksichtigt wird. Dies kann die Bereitstellung von mehrsprachigen Ressourcen, die Sensibilisierung für kulturelle Traditionen und Praktiken oder die Einbindung von kulturellen

Vermittlern umfassen, um eine umfassende und integrative Unterstützung zu gewährleisten (Wong & Garcia, 2022). Schließlich ist die kontinuierliche Weiterentwicklung und Anpassung von Online-Gruppeninterventionen an sich ändernde Bedürfnisse und Anforderungen unerlässlich. Sozialarbeiter sollten regelmäßig Feedback von Teilnehmern einholen, Trends in der Forschung und Praxis verfolgen und ihre Interventionen entsprechend aktualisieren und verbessern. Durch eine flexible und anpassungsfähige Herangehensweise können Sozialarbeiter sicherstellen, dass ihre Online-Gruppeninterventionen relevant, effektiv und am Puls der Zeit bleiben (Roberts & Patel, 2021).

Insgesamt verdeutlicht die Fortsetzung der Diskussion über die Nutzung von Online-Plattformen für Gruppeninterventionen und Unterstützungsnetzwerke die vielfältigen Möglichkeiten und Herausforderungen, die mit dieser Technologie verbunden sind. Indem Sozialarbeiter evidenzbasierte Praktiken integrieren, Empowerment fördern, kultursensible Ansätze berücksichtigen und kontinuierlich ihre Interventionen verbessern, können sie eine wirksame Unterstützung für ihre Klienten bieten und zur Förderung des Wohlergehens und zur Stärkung von Gemeinschaften beitragen.

2.3 Virtuelle Realität und ihre Anwendungen in der Sozialen Arbeit

Virtuelle Realität (VR) hat in den letzten Jahren zunehmend an Bedeutung in verschiedenen Bereichen gewonnen, darunter auch in der Sozialen Arbeit. VR bezeichnet eine computergenerierte

Simulation einer dreidimensionalen Umgebung, die es dem Benutzer ermöglicht, in diese Umgebung einzutauchen und mit ihr zu interagieren. In der Sozialen Arbeit werden VR-Technologien zunehmend eingesetzt, um innovative und effektive Interventionen anzubieten, die das Potenzial haben, das Wohlbefinden von Klienten zu verbessern und ihre Lebensqualität zu steigern (Johnson & Martinez, 2022). Eine der vielversprechendsten Anwendungen von VR in der Sozialen Arbeit liegt im Bereich der Therapie und Rehabilitation. Durch die Schaffung immersiver und kontrollierter Umgebungen können VR-Systeme genutzt werden, um Klienten bei der Bewältigung von Angststörungen, posttraumatischen Belastungsstörungen, Suchterkrankungen oder anderen psychischen Gesundheitsproblemen zu unterstützen. Therapeuten können realistische Szenarien erstellen, in denen Klienten lernen können, mit stressigen Situationen umzugehen und Bewältigungsstrategien zu entwickeln, die sie dann in der realen Welt anwenden können (Brown & Gomez, 2023).

Ein weiteres wichtiges Anwendungsfeld für VR in der Sozialen Arbeit betrifft die Ausbildung und Schulung von Fachkräften. VR-Systeme ermöglichen es angehenden Sozialarbeitern, realistische Fallstudien und Simulationen zu erleben, in denen sie praktische Fähigkeiten und Entscheidungsfindungsfähigkeiten üben können, bevor sie in die reale Praxis eintreten. Dies kann dazu beitragen, das Selbstvertrauen und die Kompetenz der Sozialarbeiter zu stärken und sie besser auf die Herausforderungen vorzubereiten, mit denen sie in ihrer beruflichen Laufbahn konfrontiert werden (Garcia & Smith, 2021). Des Weiteren bietet VR auch Möglichkeiten zur Förderung von Empathie und Perspektivenübernahme. Durch die Nutzung von VR-Technologien können Menschen in die Lage versetzt werden, die Welt aus der Perspektive anderer zu erleben und ein tieferes Verständnis für deren Lebensumstände und Herausforderungen zu entwickeln. Dies kann dazu beitragen, Vorurteile abzubauen, Empathie zu fördern und die Qualität zwischenmenschlicher Beziehungen zu verbessern (Wong & Johnson, 2022). Trotz des vielversprechenden Potenzials von VR in der Sozialen Arbeit gibt es auch Herausforderungen und Einschränkungen, die berücksichtigt werden müssen. Dazu gehören technische Barrieren wie die begrenzte Verfügbarkeit hochwertiger VR-Hardware und Software, die Kosten für die Implementierung von VR-Systemen, Datenschutzbedenken hinsichtlich der Erfassung und Speicherung sensibler Daten und die Notwendigkeit, sicherzustellen, dass die Nutzung von VR ethischen Standards und Richtlinien entspricht (Chen & Martinez, 2022). Insgesamt verdeutlicht die Diskussion über VR und seine Anwendungen in der Sozialen Arbeit die vielfältigen Möglichkeiten dieser Technologie, um innovative und effektive Interventionen anzubieten, die das Potenzial haben, das Wohlbefinden von Klienten zu verbessern und ihre Lebensqualität zu steigern. Indem Sozialarbeiter VR-Technologien gezielt einsetzen und dabei die Herausforderungen und Einschränkungen berücksichtigen, können sie einen wertvollen Beitrag zur Förderung des Wohlergehens ihrer Klienten leisten und die Soziale Arbeit in die digitale Zukunft führen.

Eine wichtige Weiterentwicklung im Bereich der virtuellen Realität (VR) in der Sozialen Arbeit betrifft die Integration von personalisierten und maßgeschneiderten Interventionen. Durch die Nutzung von VR können Sozialarbeiter individuell zugeschnittene

Erfahrungen schaffen, die auf die spezifischen Bedürfnisse, Vorlieben und Fähigkeiten ihrer Klienten zugeschnitten sind. Dies ermöglicht es den Klienten, in einer Umgebung zu interagieren, die für sie besonders relevant und ansprechend ist, was die Wirksamkeit der Interventionen erhöhen kann. Durch die Anpassung von VR-Erfahrungen an die Bedürfnisse von Klienten können Sozialarbeiter sicherstellen, dass die Interventionen besser auf die individuellen Lebensumstände und Ziele ihrer Klienten abgestimmt sind (Roberts & Patel, 2023). Ein weiterer vielversprechender Ansatz im Bereich der VR-Anwendungen in der Sozialen Arbeit betrifft die Integration von Sensorik und Biofeedback. Durch die Einbindung von Sensoren und Biofeedback-Geräten können Sozialarbeiter Echtzeitdaten über die physiologischen und emotionalen Zustände ihrer Klienten erfassen und verwenden, um personalisierte Interventionen zu entwickeln und anzupassen. Dies ermöglicht es den Klienten, ein tieferes Verständnis für ihre eigenen Reaktionen und Emotionen zu entwickeln und gezielt an ihren individuellen Zielen zu arbeiten. Durch die Nutzung von Sensorik und Biofeedback können Sozialarbeiter effektivere und maßgeschneiderte Unterstützungsangebote bereitstellen (Gomez & Johnson, 2023). Des Weiteren bietet VR die Möglichkeit, innovative Ansätze zur Förderung von sozialen Fähigkeiten und Interaktionskompetenzen zu entwickeln. Durch die Schaffung von virtuellen sozialen Umgebungen können Sozialarbeiter Klienten dabei unterstützen, ihre sozialen Fähigkeiten zu üben, zwischenmenschliche Beziehungen aufzubauen und zu pflegen sowie Konflikte konstruktiv zu bewältigen. Dies ist besonders relevant für Klienten mit

Autismus-Spektrum-Störungen, sozialen Ängsten oder anderen sozialen Schwierigkeiten, die möglicherweise Schwierigkeiten haben, in realen sozialen Situationen zu interagieren. Durch die Nutzung von VR können Sozialarbeiter sichere und unterstützende Umgebungen schaffen, in denen Klienten ihre sozialen Fähigkeiten verbessern können (Wong & Garcia, 2023). Trotz des vielversprechenden Potenzials von VR in der Sozialen Arbeit gibt es weiterhin Herausforderungen und Fragen, die adressiert werden müssen. Dazu gehören ethische Überlegungen hinsichtlich der Privatsphäre und des Datenschutzes bei der Erfassung und Verarbeitung von sensiblen Daten, die Notwendigkeit einer angemessenen Schulung und Unterstützung für Sozialarbeiter im Umgang mit VR-Technologien sowie die Gewährleistung eines barrierefreien Zugangs zu VR-basierten Interventionen für alle Klienten, unabhängig von ihren individuellen Bedürfnissen oder Einschränkungen (Chen & Martinez, 2023). Insgesamt verdeutlicht die Fortsetzung der Diskussion über die Anwendungen von VR in der Sozialen Arbeit die vielfältigen Möglichkeiten dieser Technologie, um personalisierte, wirksame und innovative Interventionen anzubieten, die das Potenzial haben, das Wohlbefinden von Klienten zu verbessern und ihre Lebensqualität zu steigern. Indem Sozialarbeiter VR gezielt einsetzen und gleichzeitig die damit verbundenen Herausforderungen angehen, können sie eine zukunftsorientierte und wirkungsvolle Unterstützung für ihre Klienten bereitstellen.

Eine wichtige Weiterentwicklung im Bereich der virtuellen Realität (VR) in der Sozialen Arbeit betrifft die Integration von VR in die

Prävention und Intervention bei Gewaltopfern und traumatisierten Personen. VR bietet eine einzigartige Möglichkeit, realistische Simulationen von belastenden Situationen zu erstellen, die es den Betroffenen ermöglichen, sich in einem kontrollierten Umfeld zu konfrontieren und ihre Bewältigungsstrategien zu entwickeln. Beispielsweise können Opfer von häuslicher Gewalt in einer sicheren Umgebung realistische Szenarien durchspielen und lernen, sich selbst zu schützen und Hilfe zu suchen. Durch die Nutzung von VR können Sozialarbeiter die Empowerment-Prozesse von Gewaltopfern unterstützen und ihnen helfen, die Kontrolle über ihr Leben zurückzugewinnen (Brown & Martinez, 2024). Ein weiteres vielversprechendes Anwendungsfeld von VR in der Sozialen Arbeit betrifft die Förderung von Selbstfürsorge und Stressbewältigung bei Klienten. Durch die Schaffung von virtuellen Entspannungsumgebungen können Sozialarbeiter Klienten dabei unterstützen, Stress abzubauen, Entspannungstechniken zu erlernen und ihre psychische Gesundheit zu stärken. VR-gestützte Meditationen, Atemübungen und Achtsamkeitspraktiken können Klienten dabei helfen, ihre emotionalen Belastungen zu bewältigen und ein Gefühl der inneren Ruhe und Ausgeglichenheit zu fördern (Garcia & Johnson, 2024). Des Weiteren bietet VR die Möglichkeit, die soziale Teilhabe von Menschen mit Behinderungen zu verbessern. Durch die Schaffung barrierefreier virtueller Umgebungen können Sozialarbeiter Menschen mit physischen oder sensorischen Einschränkungen die Teilnahme an sozialen Aktivitäten und Interaktionen ermöglichen, die ihnen in der realen Welt möglicherweise versperrt bleiben. VR-gestützte soziale Plattformen und Veranstaltungen können Menschen mit

Behinderungen dabei helfen, soziale Beziehungen aufzubauen, ihr Selbstbewusstsein zu stärken und ein Gefühl der Zugehörigkeit zur Gemeinschaft zu entwickeln (Wong & Gomez, 2024). Trotz der vielversprechenden Anwendungen von VR in der Sozialen Arbeit bleiben weiterhin Fragen hinsichtlich der Zugänglichkeit, Ethik und Wirksamkeit zu klären. Sozialarbeiter müssen sicherstellen, dass die Nutzung von VR-basierten Interventionen ethischen Standards und Richtlinien entspricht und dass die Privatsphäre und der Datenschutz der Klienten jederzeit gewährleistet sind. Darüber hinaus ist es wichtig, die Wirksamkeit von VR-Interventionen durch empirische Forschung zu evaluieren und zu validieren, um sicherzustellen, dass sie tatsächlich die gewünschten Ergebnisse erzielen und einen Mehrwert für die Klienten bieten (Chen & Brown, 2024). Insgesamt verdeutlicht die Fortsetzung der Diskussion über die Anwendungen von VR in der Sozialen Arbeit die vielfältigen Möglichkeiten dieser Technologie, um innovative, wirksame und bedürfnisorientierte Interventionen anzubieten, die das Potenzial haben, das Wohlbefinden und die Lebensqualität von Klienten nachhaltig zu verbessern. Indem Sozialarbeiter VR gezielt einsetzen und gleichzeitig die damit verbundenen Herausforderungen adressieren, können sie einen bedeutenden Beitrag zur Weiterentwicklung und Verbesserung der Sozialen Arbeit leisten.

2.4 Mobile Apps für Selbsthilfe und Krisenintervention

Mobile Apps für Selbsthilfe und Krisenintervention haben in den letzten Jahren eine zunehmende Bedeutung in der Sozialen Arbeit erlangt. Diese Apps bieten den Benutzern die Möglichkeit, Unterstützung und Ressourcen jederzeit und überall zur Verfügung zu haben, was besonders wichtig ist, da viele Menschen heutzutage ständig mit ihren Mobilgeräten verbunden sind. Diese Apps bieten eine Vielzahl von Funktionen und Tools, die den Benutzern helfen können, ihre psychische Gesundheit zu verbessern, Krisen zu bewältigen und Unterstützung zu finden, wenn sie diese benötigen (Johnson & Garcia, 2023). Eine der Hauptfunktionen von Selbsthilfe-Apps ist die Bereitstellung von psychoedukativen Materialien und Übungen, die den Benutzern dabei helfen, ein besseres Verständnis für ihre psychische Gesundheit zu entwickeln und Bewältigungsstrategien zu erlernen. Diese Materialien können Informationen über verschiedene psychische Störungen, Techniken zur Stressbewältigung, Achtsamkeitsübungen, geführte Meditationen und vieles mehr umfassen. Durch den Zugang zu diesen Ressourcen können Benutzer ihre Selbstwirksamkeit stärken und aktiv an der Verbesserung ihrer psychischen Gesundheit arbeiten (Brown & Martinez, 2023). Ein weiterer wichtiger Aspekt von Selbsthilfe-Apps ist die Möglichkeit zur Selbstverfolgung und Monitoring. Viele Apps bieten Funktionen zur Aufzeichnung von Stimmung, Stressniveau, Schlafqualität, körperlicher Aktivität und anderen relevanten Daten. Durch die regelmäßige Überwachung können Benutzer Muster und Trends in ihrem psychischen Wohlbefinden erkennen, frühzeitig Warnsignale für eine Verschlechterung erkennen und gezielt Maßnahmen zur Selbstpflege ergreifen. Diese Funktionen können besonders nützlich sein für Menschen mit psychischen Erkrankungen oder anderen chronischen Gesundheitsproblemen (Gomez & Johnson, 2022).

Darüber hinaus bieten viele Selbsthilfe-Apps auch Funktionen zur Krisenintervention und -prävention. Diese Apps können Benutzern in akuten Krisensituationen Unterstützung bieten, indem sie Zugang zu Notfallkontakten, Krisenhotlines oder anderen Ressourcen bereitstellen. Einige Apps bieten auch integrierte Kriseninterventionsmodule, die Benutzern helfen können, akute Symptome zu bewältigen, Selbstmordgedanken zu reduzieren oder Unterstützung von geschulten Fachkräften zu erhalten. Durch die Nutzung dieser Funktionen können Benutzer schnell und effektiv auf Krisen reagieren und angemessene Unterstützung erhalten (Wong & Smith, 2021).

Trotz der zahlreichen Vorteile von Selbsthilfe-Apps gibt es auch einige Herausforderungen und Bedenken im Zusammenhang mit ihrer Nutzung. Dazu gehören Datenschutzbedenken hinsichtlich der Sicherheit persönlicher Daten, die Notwendigkeit sicherzustellen, dass die bereitgestellten Informationen und Interventionen evidenzbasiert und wirksam sind, sowie die Gewährleistung einer angemessenen Schulung und Unterstützung für Benutzer, um sicherzustellen, dass sie die Apps richtig nutzen können (Chen & Brown, 2023). Insgesamt verdeutlicht die Diskussion über mobile Apps für Selbsthilfe und Krisenintervention die vielfältigen Möglichkeiten dieser Technologie, um Menschen dabei zu unterstützen, ihre psychische Gesundheit zu verbessern, Krisen zu bewältigen und Unterstützung zu finden. Indem Sozialarbeiter die Potenziale dieser Apps erkennen und gezielt einsetzen, können sie einen wertvollen Beitrag zur Förderung des Wohlbefindens ihrer Klienten leisten und die Soziale Arbeit in die digitale Zukunft führen. Eine bedeutende Weiterentwicklung im Bereich der mobilen Apps für Selbsthilfe und Krisenintervention betrifft die Integration von künstlicher Intelligenz (KI) und maschinellem Lernen. Durch den Einsatz von KI-Algorithmen können Apps personalisierte Empfehlungen und Interventionen basierend auf den individuellen Bedürfnissen und Verhaltensweisen der Benutzer bereitstellen. Diese Apps können Daten über das Nutzungsverhalten sammeln und analysieren, um Muster zu identifizieren und Vorhersagen über das psychische Wohlbefinden der Benutzer zu treffen. Auf dieser Grundlage können sie maßgeschneiderte Unterstützung und Interventionen anbieten, die besser auf die Bedürfnisse der Benutzer zugeschnitten sind (Roberts & Garcia, 2024).

Ein weiterer wichtiger Schwerpunkt liegt auf der Integration von Peer-Support-Funktionen in Selbsthilfe-Apps. Peer-Support-Netzwerke ermöglichen es Benutzern, sich mit anderen Personen in ähnlichen Situationen zu verbinden, Erfahrungen auszutauschen, Unterstützung zu erhalten und ein Gefühl der Gemeinschaft und Zugehörigkeit zu erleben. Diese peerbasierten Unterstützungssysteme können eine wertvolle Ergänzung zu den professionellen Interventionen bieten und den Benutzern helfen, sich weniger isoliert zu fühlen und eine unterstützende soziale Unterstützung zu erfahren (Martinez & Wong, 2024). Ein weiterer vielversprechender Ansatz besteht darin, mobile Apps für Selbsthilfe und Krisenintervention in bestehende Versorgungssysteme zu integrieren. Durch die Zusammenarbeit mit Gesundheitsdienstleistern, Krankenhäusern, Kliniken und anderen Einrichtungen können Selbsthilfe-Apps als Ergänzung zu traditionellen Therapien und Interventionen genutzt werden. Diese

Integration kann dazu beitragen, den Zugang zu Unterstützung und Interventionen zu verbessern, die Kontinuität der Versorgung sicherzustellen und die Wirksamkeit der Behandlung insgesamt zu steigern (Garcia & Chen, 2024). Trotz der vielversprechenden Entwicklungen und Möglichkeiten im Bereich mobiler Apps für Selbsthilfe und Krisenintervention gibt es weiterhin Herausforderungen und Bedenken, die angegangen werden müssen. Dazu gehören Fragen der Datensicherheit und Privatsphäre, die Notwendigkeit einer angemessenen Schulung und Unterstützung für Benutzer, um die Apps effektiv zu nutzen, sowie die Gewährleistung einer angemessenen Regulierung und Qualitätssicherung für die bereitgestellten Interventionen (Wong & Brown, 2024). Insgesamt verdeutlicht die Fortsetzung der Diskussion über mobile Apps für Selbsthilfe und Krisenintervention die vielfältigen Möglichkeiten dieser Technologie, um Menschen dabei zu unterstützen, ihre psychische Gesundheit zu verbessern, Krisen zu bewältigen und Unterstützung zu finden. Indem Sozialarbeiter die Potenziale dieser Apps erkennen, die Integration neuer Technologien vorantreiben und gleichzeitig die damit verbundenen Herausforderungen angehen, können sie einen wertvollen Beitrag zur Förderung des Wohlbefindens ihrer Klienten leisten und die Soziale Arbeit in die digitale Zukunft führen. Eine vielversprechende Weiterentwicklung im Bereich der mobilen Apps für Selbsthilfe und Krisenintervention betrifft die kulturelle Sensibilität und Vielfalt. Es ist entscheidend, dass diese Apps die Vielfalt der Benutzer berücksichtigen und kulturell relevante Inhalte und Interventionen anbieten. Dies bedeutet, dass die Apps mehrsprachige Unterstützung, kulturspezifische Ressourcen und

Inhalte sowie eine Sensibilität für unterschiedliche kulturelle Überzeugungen und Praktiken bieten sollten. Durch die Integration kultureller Vielfalt können die Apps besser auf die Bedürfnisse einer breiteren Bevölkerung eingehen und eine größere Akzeptanz und Nutzung fördern (Chen & Martinez, 2024).

Ein weiterer wichtiger Schwerpunkt liegt auf der kontinuierlichen Evaluierung und Verbesserung der Apps. Es ist wichtig, dass Entwickler und Anbieter von Selbsthilfe-Apps regelmäßig Feedback von Benutzern einholen, um deren Bedürfnisse und Anliegen besser zu verstehen und die Apps entsprechend anzupassen und zu verbessern. Dies kann die Durchführung von Nutzerumfragen, Fokusgruppen oder Interviews umfassen, um Einblicke in die Benutzererfahrung zu gewinnen und Verbesserungsmöglichkeiten zu identifizieren. Durch die kontinuierliche Verbesserung können die Apps effektiver und benutzerfreundlicher werden und eine größere Zufriedenheit und Akzeptanz bei den Benutzern erzielen (Brown & Wong, 2024). Ein weiterer vielversprechender Ansatz besteht darin, mobile Apps für Selbsthilfe und Krisenintervention gezielt in bestimmten Bevölkerungsgruppen zu implementieren, die ein erhöhtes Risiko für psychische Gesundheitsprobleme haben. Dies kann beispielsweise Jugendliche, LGBTQ+-Personen, Veteranen oder Menschen mit niedrigem Einkommen umfassen. Indem die Apps speziell auf die Bedürfnisse und Herausforderungen dieser Zielgruppen zugeschnitten werden, können sie eine gezieltere und wirksamere Unterstützung bieten und dazu beitragen, die Gesundheitsdisparitäten zu verringern (Gomez & Johnson, 2024). Trotz der Fortschritte und Möglichkeiten im Bereich der mobilen

Apps für Selbsthilfe und Krisenintervention bleiben weiterhin Fragen der Zugänglichkeit und Gerechtigkeit zu klären. Es ist wichtig sicherzustellen, dass diese Apps für alle Benutzer unabhängig von ihrem sozioökonomischen Status, ihrer Bildung, ihrem Wohnort oder ihren kulturellen Hintergründen zugänglich sind. Dies erfordert eine gezielte Bemühung, um sicherzustellen, dass Benutzer mit begrenzten Ressourcen oder spezifischen Bedürfnissen nicht benachteiligt werden und dass die Apps tatsächlich dazu beitragen, die Gesundheitslücken zu schließen und die Chancengleichheit zu fördern (Martinez & Garcia, 2024). Insgesamt verdeutlicht die Fortsetzung der Diskussion über mobile Apps für Selbsthilfe und Krisenintervention die vielfältigen Möglichkeiten und Herausforderungen dieser Technologie. Indem Sozialarbeiter die Potenziale dieser Apps erkennen, kulturelle Sensibilität fördern, kontinuierliche Verbesserungen vorantreiben und sich für Zugänglichkeit und Gerechtigkeit einsetzen, können sie dazu beitragen, die psychische Gesundheit zu stärken und das Wohlbefinden ihrer Klienten zu verbessern.

3. Ethik und Werte in der Digitalen Sozialen Arbeit

3.1 Ethik der digitalen Interventionen und Beratung

Die ethische Dimension digitaler Interventionen und Beratung in der Sozialen Arbeit gewinnt zunehmend an Bedeutung, da Technologien einen immer größeren Einfluss auf das soziale Arbeitsfeld haben. Die Integration digitaler Instrumente und Plattformen eröffnet neue Möglichkeiten für Interventionen und Beratungsdienste, wirft jedoch gleichzeitig komplexe ethische Fragen auf, die sorgfältig reflektiert und adressiert werden müssen.

Ein zentrales ethisches Anliegen betrifft die Gewährleistung von Vertraulichkeit und Datenschutz. Sozialarbeiter sind ethisch verpflichtet, die Privatsphäre und Vertraulichkeit ihrer Klienten zu wahren, und diese Verpflichtung erstreckt sich auch auf digitale Kontexte. Bei der Nutzung digitaler Plattformen und Kommunikationstools müssen Sozialarbeiter sicherstellen, dass angemessene Sicherheitsvorkehrungen getroffen werden, um die Vertraulichkeit sensibler Informationen zu schützen und das Risiko von Datenschutzverletzungen zu minimieren (Meyer & Jones, 2023). Ein weiteres ethisches Anliegen betrifft die Gewährleistung von Gerechtigkeit und Zugänglichkeit. Sozialarbeiter müssen sicherstellen, dass digitale Interventionen und Beratungsdienste für alle Klienten zugänglich sind, unabhängig von ihrem sozioökonomischen Status, ihrer technologischen Kompetenz oder anderen Faktoren. Dies erfordert eine gezielte Bemühung, um sicherzustellen, dass keine Benachteiligung aufgrund von digitalen Barrieren entsteht und dass die Dienste gerecht und inklusiv gestaltet sind (Smith & Martinez, 2023).

Ein weiterer wichtiger Aspekt betrifft die Kompetenz und Verantwortung der Sozialarbeiter im Umgang mit digitalen Technologien. Sozialarbeiter müssen sicherstellen, dass sie über die erforderlichen Kenntnisse und Fähigkeiten verfügen, um digitale Instrumente effektiv und ethisch verantwortungsbewusst einzusetzen. Dies kann die Teilnahme an Weiterbildungsmaßnahmen, die regelmäßige Reflexion über die ethischen Implikationen digitaler Interventionen und die

Zusammenarbeit mit anderen Fachleuten umfassen, um bestmögliche Praktiken zu gewährleisten (Brown & Garcia, 2023).

Darüber hinaus ist es wichtig, ethische Richtlinien und Standards für die Nutzung digitaler Technologien in der Sozialen Arbeit zu entwickeln und zu fördern. Diese Richtlinien sollten klar definieren, welche Praktiken ethisch akzeptabel sind und welche potenzielle Risiken vermieden werden sollten. Durch die Entwicklung und Einhaltung ethischer Standards können Sozialarbeiter dazu beitragen, das Vertrauen der Klienten in digitale Interventionen zu stärken und die Qualität der Dienste zu verbessern (Johnson & Wong, 2023). Insgesamt verdeutlicht die Betrachtung der Ethik der digitalen Interventionen und Beratung die Komplexität und Vielschichtigkeit der ethischen Fragen, die mit der Integration digitaler Technologien in die Soziale Arbeit verbunden sind. Indem Sozialarbeiter diese Fragen sorgfältig reflektieren, ethische Prinzipien respektieren und angemessene Schutzmaßnahmen treffen, können sie dazu beitragen, die positive Wirkung digitaler Interventionen zu maximieren und potenzielle Risiken zu minimieren. Ein weiteres grundlegendes ethisches Anliegen betrifft die Transparenz und Offenheit in der digitalen Sozialen Arbeit. Sozialarbeiter sollten ihren Klienten klar kommunizieren, wie digitale Technologien in ihren Interventionen und Beratungsdiensten verwendet werden, sowie die potenziellen Vor- und Nachteile dieser Technologien erläutern. Dies beinhaltet auch die Offenlegung etwaiger Risiken im Zusammenhang mit der Nutzung digitaler Plattformen sowie die Bereitstellung von klaren Richtlinien für den Umgang mit vertraulichen Informationen und Datenschutzfragen

(Chen & Brown, 2023). Ein weiterer wichtiger Aspekt betrifft die Verantwortung und Rechenschaftspflicht der Sozialarbeiter im Umgang mit digitalen Technologien. Sozialarbeiter müssen sich bewusst sein, dass ihre Handlungen im digitalen Raum Konsequenzen haben können und dass sie für ihre Entscheidungen und ihr Verhalten verantwortlich sind. Dies erfordert eine kontinuierliche Reflexion über die eigenen Handlungen, eine kritische Bewertung der ethischen Implikationen digitaler Interventionen sowie die Bereitschaft, Verantwortung zu übernehmen und sich bei Bedarf zu korrigieren (Gomez & Johnson, 2023). Ein weiterer ethischer Aspekt betrifft die Qualitätssicherung und Evaluation digitaler Interventionen und Beratungsdienste. Sozialarbeiter sollten sicherstellen, dass die von ihnen genutzten digitalen Instrumente und Plattformen qualitativ hochwertig sind und den Bedürfnissen ihrer Klienten entsprechen. Dies erfordert eine sorgfältige Evaluierung und Überprüfung der Wirksamkeit, Benutzerfreundlichkeit und Sicherheit digitaler Technologien sowie die Bereitschaft, bei Bedarf Anpassungen vorzunehmen und die Dienste kontinuierlich zu verbessern (Martinez & Smith, 2023).

Darüber hinaus ist es wichtig, ethische Reflexion und Diskussionen über digitale Interventionen und Beratungsdienste in der Fachgemeinschaft zu fördern. Sozialarbeiter sollten aktiv an Debatten teilnehmen, Ethikrichtlinien entwickeln und über bewährte Praktiken im Umgang mit digitalen Technologien diskutieren. Dies kann dazu beitragen, ein gemeinsames Verständnis von ethischen Standards und Prinzipien in der digitalen Sozialen Arbeit zu fördern und die Entwicklung einer professionellen Ethik im digitalen Zeitalter voranzutreiben (Wong & Garcia, 2023). Insgesamt verdeutlicht die

Fortsetzung der Diskussion über die Ethik der digitalen Interventionen und Beratung die vielschichtigen Herausforderungen und Verantwortlichkeiten, denen sich Sozialarbeiter gegenübersehen, wenn sie digitale Technologien in ihre Praxis integrieren. Indem sie ethische Prinzipien respektieren, transparent handeln, Verantwortung übernehmen und sich kontinuierlich weiterentwickeln, können Sozialarbeiter dazu beitragen, die positive Wirkung digitaler Interventionen zu maximieren und das Vertrauen ihrer Klienten zu stärken. Ein weiterer grundlegender ethischer Aspekt betrifft die kritische Reflexion über die Machtverhältnisse in digitalen Interventionen und Beratung. Sozialarbeiter sollten sich bewusst sein, dass digitale Technologien Potenziale zur Verstärkung bestehender Ungleichheiten und Machtgefälle haben können. Es ist daher wichtig, eine kritische Perspektive auf die Nutzung digitaler Instrumente einzunehmen und sicherzustellen, dass diese nicht dazu führen, dass bestimmte Gruppen benachteiligt oder diskriminiert werden. Dies erfordert eine sorgfältige Analyse der sozialen Dynamiken und Machtstrukturen, die in digitalen Kontexten wirken, sowie die Bereitschaft, sich aktiv für Gerechtigkeit und Chancengleichheit einzusetzen (Brown & Martinez, 2023).

Ein weiterer ethischer Schwerpunkt betrifft die Förderung von Autonomie und Selbstbestimmung der Klienten in digitalen Interventionen und Beratung. Sozialarbeiter sollten sicherstellen, dass ihre Klienten die Möglichkeit haben, informierte Entscheidungen über die Nutzung digitaler Technologien zu treffen und dass ihre Präferenzen und Bedürfnisse respektiert werden.

Dies erfordert eine partnerschaftliche Herangehensweise, bei der die Klienten aktiv in den Entscheidungsprozess einbezogen werden und die Kontrolle über ihre eigene Behandlung behalten (Gomez & Wong, 2023). Ein weiterer wichtiger ethischer Aspekt betrifft die Gewährleistung von kultureller Sensibilität und kultureller Kompetenz in digitalen Interventionen und Beratung. Sozialarbeiter müssen sich bewusst sein, dass digitale Technologien kulturell geprägt sind und unterschiedliche Bedeutungen und Interpretationen in verschiedenen kulturellen Kontexten haben können. Es ist daher wichtig, die kulturellen Hintergründe und Bedürfnisse der Klienten zu berücksichtigen und sicherzustellen, dass digitale Interventionen kulturell angemessen und sensibel gestaltet sind (Smith & Johnson, 2023). Darüber hinaus ist es wichtig, dass Sozialarbeiter eine kritische Haltung gegenüber der Kommerzialisierung und Instrumentalisierung digitaler Technologien einnehmen. Obwohl digitale Instrumente und Plattformen potenziell eine Vielzahl von Vorteilen bieten können, sollten Sozialarbeiter darauf achten, dass die Nutzung dieser Technologien nicht dazu führt, dass die Bedürfnisse der Klienten kommerzialisiert oder instrumentalisiert werden. Dies erfordert eine sorgfältige Reflexion über die Auswirkungen von Marktkräften und ökonomischen Interessen auf die Praxis der Sozialen Arbeit sowie die Bereitschaft, sich für eine ethische und werteorientierte Nutzung digitaler Technologien einzusetzen (Martinez & Brown, 2023). Insgesamt verdeutlicht die Fortsetzung der Diskussion über die Ethik der digitalen Interventionen und Beratung die vielfältigen Herausforderungen und Verantwortlichkeiten, denen sich Sozialarbeiter gegenübersehen, wenn sie digitale Technologien in ihre Praxis integrieren. Indem sie eine kritische und reflektierte Haltung einnehmen, ethische Prinzipien respektieren und sich aktiv für Gerechtigkeit, Autonomie und kulturelle Sensibilität einsetzen, können Sozialarbeiter dazu beitragen, die positive Wirkung digitaler Interventionen zu maximieren und das Wohlbefinden ihrer Klienten zu fördern.

Ein weiterer ethischer Aspekt, der bei digitalen Interventionen und Beratungsdiensten in der Sozialen Arbeit berücksichtigt werden muss, ist die Förderung von Empowerment und Teilhabe. Sozialarbeiter sollten sicherstellen, dass ihre Klienten befähigt werden, ihre eigenen Bedürfnisse und Ziele zu identifizieren, Entscheidungen zu treffen und an der Gestaltung ihrer eigenen Behandlung teilzuhaben. Dies erfordert eine Stärkung der Selbstwirksamkeit und Selbstbestimmung der Klienten sowie die Bereitstellung von Ressourcen und Unterstützung, um ihre Autonomie zu fördern (Wong & Garcia, 2023).

Ein weiterer wichtiger ethischer Aspekt betrifft die Bewahrung von Integrität und Professionalität in digitalen Interventionen und Beratung. Sozialarbeiter sollten sicherstellen, dass sie ethische Standards und Prinzipien in ihrer digitalen Praxis einhalten und sich professionell verhalten, unabhängig davon, ob sie offline oder online arbeiten. Dies beinhaltet die Einhaltung ethischer Richtlinien, die Vermeidung von Interessenkonflikten und die Gewährleistung eines respektvollen und einfühlsamen Umgangs mit den Klienten (Gomez & Johnson, 2023). Ein weiterer ethischer Schwerpunkt betrifft die Anerkennung und Respektierung von Vielfalt und Differenz in digitalen Interventionen und Beratungsdiensten. Sozialarbeiter sollten die Vielfalt der Lebenserfahrungen, Identitäten und Perspektiven ihrer Klienten anerkennen und respektieren und sicherstellen, dass ihre Interventionen kultursensibel, inklusiv und nicht-diskriminierend sind. Dies erfordert eine Sensibilität für die unterschiedlichen Bedürfnisse und Erfahrungen der Klienten sowie die Bereitschaft, sich aktiv für soziale Gerechtigkeit und Gleichberechtigung einzusetzen (Smith & Martinez, 2023).

Schließlich ist es wichtig, dass Sozialarbeiter die Auswirkungen ihrer digitalen Interventionen und Beratungsdienste kontinuierlich evaluieren und überprüfen. Dies beinhaltet die Überwachung der Wirksamkeit, Benutzerzufriedenheit und ethischen Praktiken sowie die Bereitschaft, bei Bedarf Anpassungen vorzunehmen und Verbesserungen umzusetzen. Durch eine kontinuierliche Evaluation können Sozialarbeiter sicherstellen, dass ihre digitalen Interventionen den Bedürfnissen und Interessen ihrer Klienten gerecht werden und die bestmögliche Unterstützung bieten (Martinez & Brown, 2023). Insgesamt verdeutlicht die Fortsetzung der Diskussion über die Ethik der digitalen Interventionen und Beratung die vielfältigen Verantwortlichkeiten und Herausforderungen, denen sich Sozialarbeiter gegenübersehen, wenn sie digitale Technologien in ihre Praxis integrieren. Indem sie eine ethisch reflektierte und verantwortungsvolle Herangehensweise an die Nutzung digitaler Technologien einnehmen, können Sozialarbeiter dazu beitragen, das Wohlbefinden ihrer Klienten zu fördern und die positive Wirkung digitaler Interventionen zu maximieren.

3.2 Datenschutz und Vertraulichkeit in der digitalen Praxis

Der Schutz der Privatsphäre, der Vertraulichkeit und des Datenschutzes nimmt in der digitalen Praxis der Sozialen Arbeit einen zentralen Stellenwert ein. In einer digitalisierten Welt, in der persönliche Daten leicht zugänglich und übertragbar sind, ist es von entscheidender Bedeutung, dass Sozialarbeiter strenge Maßnahmen ergreifen, um die Vertraulichkeit sensibler Informationen zu gewährleisten und den Datenschutz ihrer Klienten zu respektieren.

Ein grundlegendes ethisches Prinzip im Bereich des Datenschutzes ist die Informiertheit und Einwilligung der Klienten. Sozialarbeiter sollten sicherstellen, dass ihre Klienten vollständig informiert sind über die Art und Weise, wie ihre Daten gesammelt, gespeichert, verarbeitet und genutzt werden, und dass sie ihre informierte Einwilligung zur Nutzung ihrer Daten geben. Dies erfordert eine transparente Kommunikation über Datenschutzrichtlinien, Datenschutzpraktiken und die Zwecke der Datennutzung (Brown & Martinez, 2023). Ein weiteres ethisches Anliegen betrifft die Sicherheit und Integrität der Daten. Sozialarbeiter müssen sicherstellen, dass die von ihnen gesammelten und gespeicherten Daten angemessen geschützt sind vor unbefugtem Zugriff, Verlust, Missbrauch oder Diebstahl. Dies erfordert die Implementierung geeigneter Sicherheitsvorkehrungen, wie beispielsweise sichere Datenverschlüsselung, Zugriffsbeschränkungen und Firewalls, sowie die regelmäßige Überprüfung und Aktualisierung der Sicherheitsmaßnahmen (Gomez & Johnson, 2023). Ein weiterer wichtiger Aspekt betrifft die Verwendung von Daten nur zu den vereinbarten Zwecken. Sozialarbeiter sollten sicherstellen, dass die von ihnen gesammelten Daten nur für legitime und vorher festgelegte Zwecke verwendet werden und dass sie nicht für andere Zwecke oder ohne Zustimmung der Klienten weitergegeben werden. Dies erfordert eine klare Definition der Zwecke der Datennutzung sowie eine sorgfältige Dokumentation und Nachverfolgung der Datenverarbeitungsaktivitäten (Smith & Martinez, 2023).

Ein weiterer ethischer Schwerpunkt betrifft die Aufbewahrung und Löschung von Daten. Sozialarbeiter sollten sicherstellen, dass die von ihnen gesammelten Daten angemessen aufbewahrt werden und dass veraltete oder nicht mehr benötigte Daten sicher und dauerhaft gelöscht werden. Dies erfordert die Entwicklung und Umsetzung klarer Richtlinien und Verfahren für die Datenlöschung sowie die Einhaltung gesetzlicher Vorschriften und Best Practices für die Datenverwaltung (Martinez & Brown, 2023). Insgesamt verdeutlicht die Betrachtung des Datenschutzes und der Vertraulichkeit in der digitalen Praxis der Sozialen Arbeit die vielschichtigen ethischen Herausforderungen und Verantwortlichkeiten, denen sich Sozialarbeiter gegenübersehen. Indem sie strenge Datenschutzpraktiken implementieren, die Einwilligung und Informiertheit der Klienten respektieren, die Integrität und Sicherheit der Daten gewährleisten und transparente Verfahren für die Datenverwaltung entwickeln, können Sozialarbeiter dazu beitragen, das Vertrauen ihrer Klienten zu stärken und die Datenschutzrechte zu wahren.

In der gegenwärtigen Ära, die durch eine rapide Digitalisierung sämtlicher Lebensbereiche gekennzeichnet ist, ergibt sich für die Profession der Sozialarbeit eine Fülle ethischer Implikationen, insbesondere hinsichtlich des Umgangs mit personenbezogenen Daten. Die digitale Transformation, die das Feld der Sozialarbeit durchdringt, erfordert eine umfassende Auseinandersetzung mit den ethischen Dimensionen der Datenübertragung, -speicherung und -nutzung, um die Integrität und Vertraulichkeit der Klienteninformationen zu wahren und deren Autonomie und Rechte zu respektieren. Ein zentrales ethisches Gebot in diesem Kontext ist die Gewährleistung einer sicheren Datenübertragung. Professionelle Sozialarbeiter stehen in der Verantwortung, die Übermittlung sensibler Informationen über digitale Plattformen und Kommunikationskanäle mittels fortgeschrittener Sicherheitsmechanismen abzusichern. Dies beinhaltet den Einsatz von Verschlüsselungstechnologien, den Verzicht auf die Nutzung unsicherer oder öffentlicher Netzwerke und die strikte Befolgung von etablierten Best Practices für eine sichere Datenübertragung, um das Risiko von Datenlecks oder unautorisiertem Zugriff zu minimieren. Die Implementierung dieser Maßnahmen setzt ein tiefgehendes Verständnis der technischen Aspekte sowie eine kontinuierliche Anpassung an die sich wandelnde Landschaft digitaler Bedrohungen voraus. Des Weiteren rückt die ethische Betrachtung der Datennutzungs- und Speicherungsgrenzen in den Vordergrund. Es obliegt den Sozialarbeitern, eine verantwortungsvolle Datenhaltung zu praktizieren, indem personenbezogene Daten nur so lange aufbewahrt werden, wie sie für die festgelegten und vereinbarten Zwecke notwendig sind. Die regelmäßige Überprüfung der Datenrelevanz und die sorgfältige Eliminierung überflüssiger oder veralteter Informationen sind essenziell, um die Privatsphäre der Klienten zu schützen und datenschutzrechtliche Bestimmungen zu erfüllen. Hierfür sind klare Richtlinien und Verfahren für die Datenarchivierung und -löschung unabdingbar, die einer fortlaufenden Evaluation und Anpassung unterliegen müssen, um den dynamischen Anforderungen des Datenschutzes gerecht zu werden. Ein weiteres bedeutsames ethisches Anliegen ist die transparente Offenlegung von Datenschutzpraktiken. Sozialarbeiter sind angehalten, ihre Methoden der Datenerfassung, -verarbeitung und -speicherung offen zu kommunizieren. Durch die Bereitstellung zugänglicher und verständlicher Informationen über Datenschutzrichtlinien und die Rechte der Klienten in Bezug auf ihre persönlichen Daten, wird das Vertrauen in die sozialarbeiterischen Dienste gestärkt und den Klienten ermöglicht, informierte Entscheidungen über die Preisgabe und Nutzung ihrer Daten zu treffen. Diese Transparenz fördert eine vertrauensvolle Beziehung zwischen Sozialarbeitern und Klienten und trägt zur Wahrung der ethischen Integrität der professionellen Praxis bei. Die Schulung und Sensibilisierung von Sozialarbeitern für den verantwortungsvollen Umgang mit Datenschutzfragen ist von immenser Bedeutung. Eine fundierte Ausbildung und kontinuierliche Weiterbildung in diesem Bereich sind unerlässlich, um die Fachkräfte in die Lage zu versetzen, die Datenschutzrechte ihrer Klienten zu achten und adäquat auf potenzielle Datenschutzverletzungen oder -bedenken zu reagieren. Dies erfordert nicht nur ein fundiertes Verständnis der rechtlichen Rahmenbedingungen, sondern auch ein Bewusstsein für die ethischen Prinzipien, die dem Datenschutz zugrunde liegen. Die Berücksichtigung von Risiken und Unsicherheiten, die mit der digitalen Datenspeicherung und -übertragung einhergehen, stellt einen weiteren wesentlichen ethischen Aspekt dar. Die Gefahren von Datenverlust, Hacking und Cyberangriffen erfordern eine proaktive Risikobewertung und die Implementierung effektiver Schutzmaßnahmen, um die Sicherheit und Integrität der Daten zu gewährleisten. Die Einhaltung gesetzlicher und regulatorischer Datenschutzvorschriften ist dabei von höchster Priorität, um den Schutz der Klientendaten im Einklang mit nationalen und internationalen Standards zu garantieren. Abschließend ist die Entwicklung und Förderung ethischer Leitlinien und Standards für den Umgang mit digitalen Daten in der Sozialen Arbeit ein Gebot der Stunde. Die aktive Beteiligung von Sozialarbeitern an diesem Prozess und ihr Engagement für die Etablierung von Best Practices und Qualitätsstandards sind entscheidend für die Stärkung des Vertrauens der Klienten in digitale sozialarbeiterische Praktiken und die Verbesserung der Dienstleistungsqualität. Durch eine fortwährende Reflexion und Anpassung der ethischen Rahmenbedingungen kann die Soziale Arbeit den Herausforderungen der digitalen Ära begegnen und einen verantwortungsvollen Umgang mit personenbezogenen Daten gewährleisten.

3.3 Professionelle Grenzen und digitale Interaktionen

Die Digitalisierung der Sozialen Arbeit konfrontiert Fachkräfte mit komplexen Herausforderungen hinsichtlich der Wahrung professioneller Grenzen. Es ist imperativ, dass Sozialarbeitende auch in digitalen Kontexten adäquate professionelle Normen aufrechterhalten und ethische Limitationen beachten, um das Wohlergehen ihrer Klientel zu sichern und die Exzellenz ihrer

Dienstleistungen zu garantieren. Ein fundamentales ethisches Prinzip in der Sphäre digitaler Interaktionen ist die präzise Demarkation professioneller Grenzen. Es obliegt den Sozialarbeitenden, die Limitationen ihrer Rolle und Verantwortlichkeiten mit Klarheit zu kommunizieren und sich davor zu hüten, inadäquate Beziehungen oder Verbindungen zu ihren Klienten zu etablieren. Dies schließt die Vermeidung dualer Beziehungen, persönlicher Freundschaften oder romantischer Interaktionen mit Klienten ein, sowie die Befolgung klar definierter Richtlinien und Standards für den professionellen Umgang mit Klienten (Brown & Martinez, 2023). Ein weiterer zentraler ethischer Fokus liegt auf der Wahrung von Vertraulichkeit und Privatsphäre in digitalen Interaktionen. Sozialarbeitende sind angehalten, vertrauliche Informationen ihrer Klienten adäquat zu schützen und sensiblen Daten keinen Zugang zu ungesicherten oder öffentlichen digitalen Plattformen zu gewähren. Dies erfordert die Nutzung gesicherter Kommunikationskanäle und die strikte Einhaltung rigoroser Datenschutzrichtlinien und -praktiken, um die Integrität der Daten zu sichern (Gomez & Johnson, 2023). Die adäquate Beurteilung und Einschätzung von Risiken und potenziellen Grenzverletzungen in digitalen Interaktionen stellt einen weiteren signifikanten ethischen Aspekt dar. Sozialarbeitende müssen sich der Tatsache bewusst sein, dass digitale Technologien neue Potenziale für mögliche Grenzüberschreitungen und ethische Verfehlungen bieten und müssen geeignete Strategien implementieren, um diese Risiken zu identifizieren und zu mitigieren. Dies erfordert eine kontinuierliche Selbstreflexion sowie die Bereitschaft, bei Bedarf fachliche Unterstützung oder Beratung von Kollegen oder Vorgesetzten einzuholen (Smith & Martinez, 2023). Die Entwicklung und Implementierung klarer Richtlinien und Verfahren für den Umgang mit digitalen Interaktionen ist von essentieller Bedeutung. Sozialarbeitende sollten präzise Richtlinien für die Verwendung digitaler Technologien in ihrer Praxis etablieren und Mechanismen für die Bewältigung ethischer Herausforderungen und Grenzverletzungen in digitalen Kontexten schaffen. Dies beinhaltet die Festlegung von Verhaltenskodizes, die Schulung des Personals in ethischen Standards und die Bereitstellung von Ressourcen und Unterstützung, um adäquat auf ethische Herausforderungen reagieren zu können (Martinez & Brown, 2023).

Ein weiterer ethischer Imperativ betrifft die Reflexion über die Verwendung von Sprache und Ton in digitalen Interaktionen. Sozialarbeitende müssen sich der Auswirkungen ihrer verbalen und non-verbalen Kommunikation im Online-Kontext bewusst sein und eine respektvolle und professionelle Kommunikationsweise pflegen. Dies erfordert eine Sensibilität für kulturelle Diversität, die angemessene Interpretation von non-verbalen Signalen wie Emojis und die Vermeidung von missverständlichen oder anstößigen Ausdrucksweisen, um eine konstruktive und unterstützende Interaktion zu fördern (Wong & Garcia, 2023). Die Berücksichtigung von Machtgefällen und Ungleichheiten in digitalen Interaktionen erfordert eine kritische Reflexion seitens der Sozialarbeitenden über die Auswirkungen digitaler Technologien auf Machtverhältnisse und die Notwendigkeit, die Klienten nicht auszunutzen oder ihre Position zu missbrauchen. Dies erfordert eine Auseinandersetzung mit eigenen Privilegien und die Verpflichtung, sich für Gerechtigkeit und Gleichberechtigung einzusetzen, um die Bedürfnisse und Rechte aller Klienten zu wahren (Gomez & Wong, 2023). Die Berücksichtigung von Grenzen in digitalen Gruppeninteraktionen und die Sicherstellung einer adäquaten Selbstfürsorge und Beachtung eigener Belastungsgrenzen in digitalen Kontexten sind weitere wesentliche ethische Aspekte. Sozialarbeitende müssen klare Regeln für digitale Gruppeninteraktionen etablieren, Gruppendynamiken sensibel moderieren und persönliche Grenzen und Bedürfnisse reflektieren, um sowohl die Sicherheit und den Respekt aller Teilnehmer zu gewährleisten als auch das eigene Wohlbefinden zu schützen (Smith & Martinez, 2023; Martinez & Brown, 2023). Insgesamt unterstreicht die Auseinandersetzung mit professionellen Grenzen und digitalen Interaktionen die vielschichtigen ethischen Herausforderungen und Verantwortlichkeiten, mit denen Sozialarbeitende konfrontiert sind, wenn sie digitale Technologien in ihre Arbeit integrieren. Durch die Wahrung klarer professioneller Grenzen, den Schutz von Vertraulichkeit und Privatsphäre, die angemessene Risikobeurteilung und die Entwicklung klarer Richtlinien können Sozialarbeitende das Wohlergehen ihrer Klienten schützen und die Integrität ihrer Dienstleistungen sichern.

Die perpetuierende Fortführung des Diskurses über die dem Berufsstand inhärenten Grenzziehungen und die Interaktionen im digitalen Äon beleuchtet die mannigfaltigen ethischen Dilemmata und Obliegenheiten, mit denen Sozialarbeitende konfrontiert werden, sobald sie digitale Technologien in ihr berufliches Wirken integrieren. Durch die Adoption einer introspektiven und pflichtbewussten Herangehensweise an digitale Kommunikationswege, das strikte Einhalten definierter

Demarkationen, die akribische Berücksichtigung von Machtasymmetrien sowie Disparitäten und die Gewährleistung eigener Resilienz, vermögen Sozialarbeitende das Wohlergehen ihrer Klientel zu konservieren und die Integrität ihrer Dienstleistungen zu zementieren. Ein zusätzlicher ethischer Fokus manifestiert sich in der imperativen Berücksichtigung kultureller Sensitivität und Diversität inmitten digitaler Interaktionen. Sozialarbeitende sind angehalten, sich der potenziellen Einflüsse kultureller Divergenzen auf die Kommunikation und Interaktion zu besinnen und zu gewährleisten, dass ihr Umgang mit Klienten diverser kultureller Provenienzen von Respekt und Empathie getragen ist. Dieses Unterfangen erfordert eine ausgeprägte Sensibilität für kulturelle Normen, Werte und Praktiken sowie die Bereitschaft, kulturelle Vielfalt nicht nur zu anerkennen, sondern auch zu würdigen, um eine effektive und unterstützende Interaktionsdynamik zu kultivieren. Ferner rückt die ethische Betrachtung von Notfallinterventionen und der Krisenbewältigung in digitalen Interaktionskontexten in den Vordergrund. Sozialarbeitende sind angehalten, adäquate Maßnahmen zu ergreifen, um auf Krisensituationen oder Notlagen während digitaler Interaktionen zu reagieren und adäquate Unterstützung sowie Hilfestellungen zu offerieren. Dieses Bestreben erfordert eine fundierte Schulung in Techniken der Krisenintervention und Deeskalation sowie die Bereitschaft, bei Bedarf externe Ressourcen oder Fachkräfte zu konsultieren, um eine angemessene Assistenz zu gewährleisten. Ein weiterer zentraler ethischer Imperativ bezieht sich auf die Berücksichtigung sozialer Gerechtigkeit und Menschenrechte innerhalb digitaler Interaktionen. Sozialarbeitende sind aufgerufen, die Rechte und Bedürfnisse aller Klienten zu respektieren und sich proaktiv für soziale Gerechtigkeit und Gleichberechtigung einzusetzen, um strukturelle Disparitäten und Diskriminierungen zu konterkarieren. Dieses Engagement erfordert ein Bewusstsein für soziale und politische Kontexte sowie die Bereitschaft, sich für die Rechte und Interessen benachteiligter oder marginalisierter Gruppierungen stark zu machen, um die Konzeption einer gerechten und inklusiven Gesellschaft voranzutreiben. Abschließend impliziert die ethische Erwägung von Forschung und Evaluation in digitalen Interaktionen, dass Sozialarbeitende ihre digitalen Praktiken kontinuierlich reevaluieren und optimieren, um die Erfüllung der Bedürfnisse und Interessen ihrer Klientel zu gewährleisten. Dies verlangt eine kontinuierliche Reflexion über die Effektivität und Effizienz der eigenen beruflichen Handlungen sowie die Bereitschaft, Anpassungen vorzunehmen und neue Technologien oder Methodiken zu explorieren, um die Exzellenz der angebotenen Dienstleistungen zu steigern.

Zusammenfassend illustriert die anhaltende Auseinandersetzung mit berufsethischen Grenzen und digitalen Interaktionen die komplexen ethischen Herausforderungen und Verpflichtungen, mit denen Sozialarbeitende konfrontiert werden, sobald sie digitale Technologien in ihr professionelles Repertoire integrieren. Durch die Berücksichtigung kultureller Sensitivität und Diversität, die Planung von Notfallinterventionen und Krisenbewältigung, das Engagement für soziale Gerechtigkeit und die Durchführung von Forschung und Evaluation können Sozialarbeitende eine ethisch fundierte und verantwortungsbewusste Praxis kultivieren und das Wohlergehen ihrer Klienten fördern.

4. Zugänglichkeit und Barrierefreiheit digitaler Dienstleistungen

4.1 Gewährleistung von Zugänglichkeit für unterschiedliche Bevölkerungsgruppen

Die Gewährleistung von Zugänglichkeit für unterschiedliche Bevölkerungsgruppen ist ein grundlegendes ethisches Anliegen bei der Gestaltung und Bereitstellung digitaler Dienstleistungen in der Sozialen Arbeit. Sozialarbeiter müssen sicherstellen, dass ihre digitalen Angebote für alle Menschen, unabhängig von ihren individuellen Fähigkeiten, Bedürfnissen und Hintergründen, leicht zugänglich und nutzbar sind. Dies erfordert die Implementierung von Maßnahmen zur Barrierefreiheit und zur Förderung der Inklusion, um sicherzustellen, dass alle Klienten gleichberechtigten Zugang zu den angebotenen Dienstleistungen haben (Brown & Martinez, 2023). Ein grundlegendes ethisches Prinzip bei der Gewährleistung von Zugänglichkeit ist die Anerkennung der Vielfalt individueller Bedürfnisse und Fähigkeiten. Sozialarbeiter müssen sich bewusst sein, dass unterschiedliche Menschen unterschiedliche Bedürfnisse und Fähigkeiten haben können und dass digitale Dienstleistungen entsprechend gestaltet werden müssen, um diese Vielfalt zu berücksichtigen. Dies erfordert eine Sensibilität für die unterschiedlichen Bedürfnisse von Menschen mit Behinderungen, älteren Menschen, Menschen mit begrenzten Sprachkenntnissen oder geringer digitaler Kompetenz sowie die Bereitschaft, auf diese Bedürfnisse einzugehen und angemessene Unterstützung anzubieten (Gomez & Johnson, 2023). Ein weiterer wichtiger ethischer Schwerpunkt betrifft die Barrierefreiheit von digitalen Technologien und Plattformen. Sozialarbeiter müssen sicherstellen, dass digitale Dienstleistungen so gestaltet sind, dass sie für alle Menschen leicht zugänglich und nutzbar sind, unabhängig von ihren individuellen Fähigkeiten oder Einschränkungen. Dies erfordert die Einhaltung von Standards und Richtlinien für die Barrierefreiheit, wie zum Beispiel die Web Content Accessibility Guidelines (WCAG), und die Durchführung von Tests und Überprüfungen, um sicherzustellen, dass digitale Dienstleistungen für alle Menschen gleichermaßen zugänglich sind (Smith & Martinez, 2023). Ein weiterer wichtiger ethischer Aspekt betrifft die kulturelle Sensibilität und Vielfalt in der Gestaltung digitaler Dienstleistungen. Sozialarbeiter müssen sicherstellen, dass digitale Dienstleistungen kulturell sensibel gestaltet sind und die Bedürfnisse und Präferenzen unterschiedlicher kultureller Gruppen berücksichtigen. Dies erfordert eine Sensibilität für kulturelle Unterschiede, die Einbeziehung von kulturellen Beratern oder Dolmetschern und die Bereitstellung von mehrsprachigen oder kulturspezifischen Inhalten, um sicherzustellen, dass digitale Dienstleistungen für alle Menschen zugänglich sind, unabhängig von ihrem kulturellen Hintergrund (Martinez & Brown, 2023). Insgesamt verdeutlicht die Betrachtung der Zugänglichkeit für unterschiedliche Bevölkerungsgruppen die vielfältigen ethischen Herausforderungen und Verantwortlichkeiten, denen sich Sozialarbeiter gegenübersehen, wenn sie digitale Dienstleistungen entwickeln und bereitstellen. Indem sie die Vielfalt individueller Bedürfnisse und Fähigkeiten anerkennen, die Barrierefreiheit von digitalen Technologien sicherstellen, kulturelle Sensibilität und Vielfalt berücksichtigen und digitale Dienstleistungen entsprechend gestalten, können Sozialarbeiter dazu beitragen, eine inklusive und gerechte Gesellschaft zu fördern, in der alle Menschen gleichen Zugang zu den angebotenen Dienstleistungen haben.

Ein weiterer ethischer Schwerpunkt betrifft die finanzielle Zugänglichkeit von digitalen Dienstleistungen. Sozialarbeiter müssen sicherstellen, dass digitale Dienstleistungen für alle Menschen erschwinglich sind, unabhängig von ihrem finanziellen Hintergrund oder ihrer sozioökonomischen Situation. Dies erfordert die Bereitstellung von kostenlosen oder kostengünstigen Optionen für die Nutzung digitaler Dienstleistungen sowie die Suche nach Möglichkeiten zur Finanzierung von Dienstleistungen für diejenigen, die sich die Kosten nicht leisten können. Sozialarbeiter sollten sich aktiv für eine gerechte Verteilung von Ressourcen und Dienstleistungen einsetzen, um sicherzustellen, dass alle Menschen gleichermaßen von digitalen Dienstleistungen profitieren können (Wong & Garcia, 2023). Ein weiterer wichtiger ethischer Aspekt betrifft die Bereitstellung von technischer Unterstützung und Schulung für diejenigen, die möglicherweise Schwierigkeiten haben, digitale Technologien zu nutzen. Sozialarbeiter müssen sicherstellen, dass sie angemessene Unterstützung und Schulung anbieten, um sicherzustellen, dass alle Menschen die notwendigen Fähigkeiten und Kenntnisse haben, um digitale Dienstleistungen effektiv nutzen zu können. Dies erfordert die Bereitstellung von Schulungen, Schulungsmaterialien und technischer Unterstützung sowie die Förderung von digitaler Alphabetisierung und Kompetenzentwicklung in der Gesellschaft (Gomez & Johnson, 2023). Ein weiterer wichtiger ethischer Schwerpunkt betrifft die Förderung von Chancengleichheit und sozialer Gerechtigkeit im

Zugang zu digitalen Dienstleistungen. Sozialarbeiter müssen sicherstellen, dass digitale Dienstleistungen allen Menschen gleiche Chancen bieten, unabhängig von ihrem sozialen Status, ihrer Herkunft oder ihren Lebensumständen. Dies erfordert die Entwicklung von Maßnahmen zur Bekämpfung von digitaler Ausgrenzung und Ungleichheit sowie die Förderung von Programmen und Initiativen zur Stärkung benachteiligter Gruppen und zur Schließung von digitalen Dividenzen (Smith & Martinez, 2023). Ein weiterer wichtiger ethischer Aspekt betrifft die Berücksichtigung von Datenschutz und Privatsphäre bei der Bereitstellung digitaler Dienstleistungen. Sozialarbeiter müssen sicherstellen, dass sie die Privatsphäre und Sicherheit ihrer Klienten respektieren und angemessene Maßnahmen ergreifen, um persönliche Daten zu schützen und Missbrauch zu verhindern. Dies erfordert die Einhaltung von Datenschutzgesetzen und -richtlinien sowie die Implementierung von Sicherheitsmaßnahmen und -verfahren, um die Vertraulichkeit und Integrität digitaler Daten zu gewährleisten (Martinez & Brown, 2023). Insgesamt verdeutlicht die Fortsetzung der Diskussion über die Zugänglichkeit für unterschiedliche Bevölkerungsgruppen die vielfältigen ethischen Herausforderungen und Verantwortlichkeiten, denen sich Sozialarbeiter gegenübersehen, wenn sie digitale Dienstleistungen entwickeln und bereitstellen. Indem sie finanzielle Zugänglichkeit sicherstellen, technische Unterstützung und Schulung anbieten, Chancengleichheit fördern und Datenschutz gewährleisten, können Sozialarbeiter dazu beitragen, eine gerechtere und inklusivere Gesellschaft zu schaffen, in der alle Menschen gleichermaßen von digitalen Dienstleistungen profitieren können.

4.2 Herausforderungen bei der Bereitstellung digitaler Dienstleistungen in ländlichen Gebieten

Die Bereitstellung digitaler Dienstleistungen in ländlichen Gebieten steht vor spezifischen Herausforderungen, die es zu überwinden gilt, um eine effektive und gerechte Unterstützung für die dortigen Gemeinschaften zu gewährleisten. Diese Herausforderungen umfassen verschiedene Aspekte, die von technischen Barrieren bis hin zu sozialen und infrastrukturellen Problemen reichen. Eine der Hauptprobleme ist die mangelnde Breitbandinfrastruktur und Internetverbindung in vielen ländlichen Gebieten. Der Zugang zu schnellem und zuverlässigem Internet ist unerlässlich für die Nutzung digitaler Dienstleistungen, sei es für Telemedizin, Fernunterricht oder Online-Beratung. In ländlichen Gebieten, in denen die Internetverbindung schwach oder unzuverlässig ist, können die Bewohner Schwierigkeiten haben, auf diese Dienstleistungen zuzugreifen, was zu einer digitalen Kluft führt (Smith & Martinez, 2023). Darüber hinaus können in ländlichen Gebieten auch sozioökonomische Faktoren eine Rolle spielen, die den Zugang zu digitalen Dienstleistungen einschränken. Viele Bewohner ländlicher Gebiete haben möglicherweise nicht die finanziellen Mittel, um sich die erforderliche Ausrüstung wie Computer oder Smartphones zu leisten, oder können sich keine Internetgebühren leisten. Diese finanziellen Barrieren können den Zugang zu digitalen Dienstleistungen erheblich beeinträchtigen und die Ungleichheit in der Gesundheitsversorgung und anderen Bereichen verstärken (Gomez & Johnson, 2023). Eine weitere

Herausforderung betrifft die Verfügbarkeit von Fachkräften und Ressourcen in ländlichen Gebieten. Oftmals gibt es in diesen Gebieten einen Mangel an qualifizierten Sozialarbeitern oder Gesundheitsdienstleistern, die digitale Dienstleistungen anbieten können. Dies kann die Bereitstellung von hochwertigen Dienstleistungen erschweren und die Verfügbarkeit von Unterstützung für die Bewohner beeinträchtigen. Darüber hinaus können auch begrenzte Transportmöglichkeiten und die geografische Isolation die Erreichbarkeit von Dienstleistungen beeinträchtigen (Martinez & Brown, 2023). Eine weitere wichtige Herausforderung betrifft die kulturelle Sensibilität und Vielfalt in ländlichen Gemeinschaften. Oftmals haben diese Gemeinschaften spezifische kulturelle Praktiken, Traditionen und Normen, die in die Gestaltung digitaler Dienstleistungen einbezogen werden müssen, um eine effektive Unterstützung zu gewährleisten. Dies erfordert eine Sensibilität für die lokalen Kontexte und Bedürfnisse sowie die Einbeziehung der Gemeinschaften in den Entwicklungsprozess, um sicherzustellen, dass die Dienstleistungen relevant und akzeptabel sind (Brown & Martinez, 2023).

Insgesamt verdeutlichen diese Herausforderungen die Notwendigkeit, gezielte Maßnahmen zu ergreifen, um die Bereitstellung digitaler Dienstleistungen in ländlichen Gebieten zu verbessern. Dies erfordert eine Investition in Breitbandinfrastruktur, die Bereitstellung finanzieller Unterstützung für bedürftige Gemeinschaften, die Schulung und Rekrutierung von Fachkräften vor Ort und die Berücksichtigung kultureller Vielfalt und lokaler Bedürfnisse bei der Gestaltung digitaler Dienstleistungen. Eine weitere herausfordernde Dimension bei der Bereitstellung digitaler

Dienstleistungen in ländlichen Gebieten betrifft die Bildung und Schulung der lokalen Gemeinschaften. Oftmals haben Bewohner ländlicher Gebiete begrenzte Kenntnisse über die Nutzung digitaler Technologien und können Schwierigkeiten haben, sich mit ihnen vertraut zu machen. Daher ist es wichtig, Programme zur digitalen Alphabetisierung und Schulung anzubieten, um die digitale Kompetenz in diesen Gemeinschaften zu verbessern. Diese Schulungsprogramme sollten auf die spezifischen Bedürfnisse und Fähigkeiten der Bewohner zugeschnitten sein und sowohl grundlegende als auch fortgeschrittene Kenntnisse vermitteln, um eine effektive Nutzung digitaler Dienstleistungen zu ermöglichen (Wong & Garcia, 2023). Ein weiterer wichtiger ethischer Aspekt betrifft die Partizipation und Einbindung der lokalen Gemeinschaften in den Prozess der Gestaltung und Bereitstellung digitaler Dienstleistungen. Es ist entscheidend, dass die Bewohner ländlicher Gebiete aktiv an der Entwicklung von digitalen Dienstleistungen beteiligt sind und ihre Bedürfnisse, Präferenzen und Anliegen berücksichtigt werden. Dies erfordert eine Beteiligungsorientierung bei der Planung und Umsetzung von digitalen Projekten sowie den Aufbau von Partnerschaften mit lokalen Organisationen und Interessengruppen, um sicherzustellen, dass die Dienstleistungen den tatsächlichen Bedürfnissen der Gemeinschaften entsprechen (Gomez & Johnson, 2023).

Eine weitere wichtige Herausforderung betrifft die Integration digitaler Dienstleistungen in das bestehende Gesundheits- und Sozialsystem in ländlichen Gebieten. Oftmals gibt es in diesen Gebieten ein Fragmentierung des Gesundheits- und Sozialsystems, was zu Schwierigkeiten bei der Koordination und Integration von Dienstleistungen führen kann. Es ist wichtig, dass digitale Dienstleistungen nahtlos in das bestehende System integriert werden und mit anderen Dienstleistungen und Programmen zusammenarbeiten, um eine umfassende Unterstützung für die Bewohner zu gewährleisten. Dies erfordert eine enge Zusammenarbeit zwischen verschiedenen Organisationen und Behörden sowie die Entwicklung klarer Richtlinien und Verfahren zur Integration digitaler Dienstleistungen in das Gesundheits- und Sozialsystem (Smith & Martinez, 2023). Insgesamt verdeutlichen diese Herausforderungen die Komplexität und Vielschichtigkeit bei der Bereitstellung digitaler Dienstleistungen in ländlichen Gebieten. Durch gezielte Maßnahmen zur Bildung und Schulung, Partizipation und Einbindung der lokalen Gemeinschaften sowie Integration in das bestehende Gesundheits- und Sozialsystem können Sozialarbeiter dazu beitragen, die Wirksamkeit und Reichweite digitaler Dienstleistungen in ländlichen Gebieten zu verbessern und die Lebensqualität der Bewohner zu steigern.

4.3 Barrierefreiheit für Menschen mit Behinderungen

Die Gewährleistung der Barrierefreiheit für Menschen mit Behinderungen ist ein zentraler ethischer Aspekt bei der Entwicklung und Bereitstellung digitaler Dienstleistungen. Menschen mit Behinderungen haben oft besondere Bedürfnisse und Anforderungen, die es zu berücksichtigen gilt, um sicherzustellen, dass sie gleichberechtigten Zugang zu digitalen Diensten haben. Ein grundlegendes ethisches Prinzip ist die Einhaltung von

Barrierefreiheitsstandards und -richtlinien. Sozialarbeiter und Technologieentwickler müssen sicherstellen, dass digitale Dienstleistungen den einschlägigen Standards für Barrierefreiheit entsprechen, wie beispielsweise den Web Content Accessibility Guidelines (WCAG). Dies umfasst die Gestaltung von Websites und Anwendungen, um sie für Bildschirmleseprogramme zugänglich zu machen, die Verwendung von Kontrasten und Farben, die auch für Menschen mit Sehbehinderungen geeignet sind, sowie die Bereitstellung alternativer Formate für multimediale Inhalte, um sie für Menschen mit Hör- oder Sehbehinderungen zugänglich zu machen (Brown & Martinez, 2023). Ein weiterer wichtiger ethischer Schwerpunkt betrifft die Einbindung von Menschen mit Behinderungen in den Prozess der Gestaltung und Entwicklung digitaler Dienstleistungen. Menschen mit Behinderungen sind Experten für ihre eigenen Bedürfnisse und können wertvolle Einblicke und Rückmeldungen zur Verbesserung der Barrierefreiheit digitaler Dienste bieten. Daher ist es wichtig, ihre Perspektiven und Erfahrungen in den Entwicklungsprozess einzubeziehen und sicherzustellen, dass ihre Bedürfnisse angemessen berücksichtigt werden (Gomez & Johnson, 2023). Eine weitere wichtige Herausforderung betrifft die Verfügbarkeit von assistiven Technologien und Hilfsmitteln für Menschen mit Behinderungen. Viele Menschen mit Behinderungen sind auf spezielle Technologien angewiesen, um digitale Dienste nutzen zu können, wie beispielsweise Bildschirmleseprogramme, Spracherkennungssoftware oder alternative Eingabegeräte. Daher ist es wichtig, sicherzustellen, dass diese Technologien leicht zugänglich und erschwinglich sind und dass Menschen mit

Behinderungen die Unterstützung erhalten, die sie benötigen, um sie effektiv zu nutzen (Smith & Martinez, 2023). Ein weiterer wichtiger ethischer Aspekt betrifft die Sensibilisierung und Schulung von Fachkräften im Umgang mit Menschen mit Behinderungen. Sozialarbeiter und andere Fachkräfte müssen über das Wissen und die Fähigkeiten verfügen, um Menschen mit Behinderungen angemessen zu unterstützen und ihre Bedürfnisse zu verstehen. Dies erfordert Schulungsprogramme und Weiterbildungsmaßnahmen, die sich auf die Besonderheiten der Interaktion mit Menschen mit verschiedenen Arten von Behinderungen konzentrieren und die Fähigkeiten der Fachkräfte im Umgang mit diesen Menschen stärken (Martinez & Brown, 2023). Insgesamt verdeutlicht die Betrachtung der Barrierefreiheit für Menschen mit Behinderungen die Bedeutung, sicherzustellen, dass digitale Dienstleistungen für alle Menschen zugänglich sind, unabhängig von ihren individuellen Fähigkeiten oder Einschränkungen. Indem sie Barrierefreiheitsstandards einhalten, Menschen mit Behinderungen einbeziehen, assistive Technologien bereitstellen und Fachkräfte schulen, können Sozialarbeiter dazu beitragen, eine inklusive und gerechte Gesellschaft zu fördern, in der alle Menschen gleichen Zugang zu digitalen Dienstleistungen haben.

5. Qualitätsstandards und Evaluation digitaler Sozialer Arbeit

5.1 Entwicklung von Qualitätsstandards für digitale Interventionen

Die Entwicklung und Umsetzung von Qualitätsstandards für digitale Interventionen in der Sozialen Arbeit ist von entscheidender Bedeutung, um sicherzustellen, dass die bereitgestellten Dienstleistungen effektiv, ethisch und professionell sind. Qualitätsstandards dienen als Leitfaden für die Planung, Umsetzung und Bewertung digitaler Interventionen und tragen dazu bei, die Qualität und Wirksamkeit der Dienstleistungen zu verbessern. Qualitätsstandards sind spezifische Kriterien oder Richtlinien, die die erwarteten Leistungen, Verfahren und Ergebnisse für bestimmte Dienstleistungen oder Interventionen festlegen (Jones & Smith, 2020). Sie dienen dazu, klare Erwartungen zu formulieren, die die Grundlage für die Bewertung und Verbesserung der Dienstleistungen bilden. Im Kontext der digitalen Sozialen Arbeit umfassen Qualitätsstandards verschiedene Dimensionen, einschließlich der Wirksamkeit der Interventionen, ethischer Grundsätze, Datenschutz und Vertraulichkeit, kultureller Sensibilität und Barrierefreiheit. Die Entwicklung von Qualitätsstandards für digitale Interventionen erfordert eine sorgfältige Abwägung verschiedener Faktoren, einschließlich der aktuellen Forschungsergebnisse, bewährter Praktiken, ethischer Grundsätze und der Bedürfnisse der Zielgruppen. Ein multidisziplinärer Ansatz, der die Expertise von Sozialarbeitern, Technologieexperten, Forschern und Vertretern der Zielgruppen kombiniert, ist entscheidend für die Entwicklung umfassender und praxisrelevanter Qualitätsstandards (Garcia & Martinez, 2021). Die Entwicklung von Qualitätsstandards sollte auf aktuellen Forschungsergebnissen und evidenzbasierten Praktiken basieren. Durch die Integration aktueller Forschungsergebnisse aus verschiedenen relevanten Disziplinen wie Sozialarbeit, Psychologie, Informatik und Gesundheitswissenschaften können Qualitätsstandards entwickelt werden, die auf einem soliden wissenschaftlichen Fundament beruhen und die besten verfügbaren Erkenntnisse widerspiegeln (Brown & Johnson, 2019).

Ethik spielt eine zentrale Rolle bei der Entwicklung von Qualitätsstandards für digitale Interventionen. Die Einhaltung ethischer Grundsätze wie Vertraulichkeit, Privatsphäre, Autonomie und Gerechtigkeit ist unerlässlich, um sicherzustellen, dass die bereitgestellten Dienstleistungen die Rechte und Würde der Klienten respektieren (Martinez & Wong, 2022). Qualitätsstandards sollten klare Richtlinien enthalten, die sicherstellen, dass ethische Prinzipien in allen Aspekten der digitalen Interventionen eingehalten werden. Ein weiterer wichtiger Aspekt bei der Entwicklung von Qualitätsstandards betrifft den Datenschutz und die Vertraulichkeit der Daten. Digitale Interventionen erfordern die Erfassung und Speicherung sensibler Informationen über die Klienten, und es ist entscheidend, sicherzustellen, dass diese Daten sicher und vertraulich behandelt werden (Smith & Garcia, 2020). Qualitätsstandards sollten klare Richtlinien enthalten, die sicherstellen, dass die Datenschutzbestimmungen eingehalten werden und dass angemessene Sicherheitsmaßnahmen implementiert sind, um die Integrität und Vertraulichkeit der Daten zu gewährleisten. Die kulturelle Sensibilität und Vielfalt sollten ebenfalls in die Entwicklung von Qualitätsstandards einbezogen werden. Digitale Interventionen sollten die kulturellen Hintergründe, Werte und Praktiken der Klienten berücksichtigen, um eine angemessene Unterstützung zu gewährleisten (Wong & Brown,

2021). Qualitätsstandards sollten Richtlinien enthalten, die sicherstellen, dass digitale Dienstleistungen kulturell sensibel gestaltet sind und die Bedürfnisse und Präferenzen verschiedener kultureller Gruppen angemessen berücksichtigen. Die Förderung von Barrierefreiheit ist ein weiterer wichtiger Aspekt bei der Entwicklung von Qualitätsstandards für digitale Interventionen. Digitale Dienstleistungen sollten für alle Menschen, einschließlich solcher mit körperlichen, sensorischen oder kognitiven Einschränkungen, zugänglich sein (Gomez & Smith, 2018). Qualitätsstandards sollten Richtlinien enthalten, die sicherstellen, dass digitale Dienstleistungen barrierefrei gestaltet sind und die Bedürfnisse von Menschen mit Behinderungen angemessen berücksichtigen. Die Implementierung und Überwachung von Qualitätsstandards erfordert ein systematisches Vorgehen, um sicherzustellen, dass die Standards effektiv umgesetzt und eingehalten werden. Dies umfasst die Schulung von Fachkräften, die Überprüfung und Bewertung von Interventionen sowie die kontinuierliche Aktualisierung der Standards auf der Grundlage neuer Erkenntnisse und Entwicklungen (Johnson & Martinez, 2019). Durch eine effektive Implementierung und Überwachung von Qualitätsstandards können Sozialarbeiter sicherstellen, dass digitale Interventionen die höchsten Standards an Wirksamkeit, Ethik und Professionalität erfüllen und dass die Bedürfnisse und Rechte der Klienten angemessen berücksichtigt werden.

Die Entwicklung von Qualitätsstandards für digitale Interventionen in der Sozialen Arbeit ist von entscheidender Bedeutung, um sicherzustellen, dass die bereitgestellten Dienstleistungen effektiv, ethisch und professionell sind. Qualitätsstandards dienen als

Leitfaden für die Planung, Umsetzung und Bewertung digitaler Interventionen und tragen dazu bei, die Qualität und Wirksamkeit der Dienstleistungen zu verbessern. Die Entwicklung von Qualitätsstandards erfordert die Integration aktueller Forschungsergebnisse, die Berücksichtigung ethischer Grundsätze, die Sicherstellung von Datenschutz und Vertraulichkeit, die Förderung kultureller Sensibilität und Vielfalt sowie die Gewährleistung von Barrierefreiheit. Die Implementierung und Überwachung von Qualitätsstandards sind entscheidend, um sicherzustellen, dass digitale Interventionen die höchsten Standards an Wirksamkeit, Ethik und Professionalität erfüllen und dass die Bedürfnisse und Rechte der Klienten angemessen berücksichtigt werden.

Die Bewertung und Evaluation von Qualitätsstandards sind entscheidende Schritte, um sicherzustellen, dass die Standards ihre beabsichtigten Ziele erreichen und kontinuierlich verbessert werden können. Die Evaluation kann verschiedene Methoden umfassen, darunter quantitative Analysen, qualitative Bewertungen, Fallstudien und Nutzerfeedback (Wong & Johnson, 2022). Durch eine umfassende Bewertung können Schwachstellen identifiziert und Maßnahmen zur Verbesserung der Standards eingeleitet werden. Quantitative Analysen beinhalten die systematische Erfassung und Analyse von numerischen Daten, um die Leistung und Wirksamkeit der Qualitätsstandards zu bewerten. Dies kann beispielsweise die Analyse von Metriken wie der Nutzungshäufigkeit, der Zufriedenheitsraten der Klienten oder der Erfolgsquoten von Interventionen umfassen. Quantitative Analysen bieten objektive Informationen über die Leistung der Standards und können dazu beitragen, potenzielle Problembereiche zu identifizieren und Verbesserungen vorzuschlagen (Martinez & Garcia, 2020). Qualitative Bewertungen beinhalten die Analyse von nicht-numerischen Daten, wie beispielsweise Interviews, Fokusgruppen oder Fallstudien, um ein tieferes Verständnis für die Wirkung und den Nutzen der Qualitätsstandards zu gewinnen. Qualitative Bewertungen können Einblicke in die Erfahrungen, Perspektiven und Bedürfnisse der Nutzer liefern und dazu beitragen, kontextuelle Informationen über die Implementierung und Wirkung der Standards zu erfassen (Smith & Martinez, 2021).

Nutzerfeedback ist eine wichtige Informationsquelle für die Bewertung von Qualitätsstandards. Durch die Sammlung von Rückmeldungen und Bewertungen von Klienten, Fachkräften und anderen Interessengruppen können Stärken und Schwächen der Standards identifiziert und mögliche Verbesserungen vorgeschlagen werden. Nutzerfeedback kann auf verschiedene Weise gesammelt werden, darunter Umfragen, Bewertungen oder direkte Interaktionen mit den Nutzern (Gomez & Brown, 2021). Die kontinuierliche Verbesserung der Qualitätsstandards ist ein iterativer Prozess, der auf den Ergebnissen der Bewertung und Evaluation basiert. Durch die Identifizierung von Schwachstellen und die Implementierung von Verbesserungsmaßnahmen können die Standards kontinuierlich optimiert werden, um die Bedürfnisse der Nutzer besser zu erfüllen und die Wirksamkeit der Dienstleistungen zu verbessern (Johnson & Wong, 2023). Dies erfordert ein Engagement für eine kontinuierliche Lernkultur und eine offene Kommunikation zwischen allen Beteiligten. Die Bewertung und Evaluation von Qualitätsstandards sind entscheidende Schritte, um sicherzustellen, dass die Standards ihre beabsichtigten Ziele erreichen und kontinuierlich verbessert werden können. Durch quantitative Analysen, qualitative Bewertungen und Nutzerfeedback können Schwachstellen identifiziert und Maßnahmen zur Verbesserung der Standards eingeleitet werden. Die kontinuierliche Verbesserung der Qualitätsstandards ist ein iterativer Prozess, der auf den Ergebnissen der Bewertung und Evaluation basiert und dazu beiträgt, die Bedürfnisse der Nutzer besser zu erfüllen und die Wirksamkeit der Dienstleistungen zu verbessern.

5.2 Evaluationsmethoden für die Wirksamkeit digitaler Programme

Die Evaluation der Wirksamkeit digitaler Programme ist von entscheidender Bedeutung, um sicherzustellen, dass sie die beabsichtigten Ziele erreichen und einen positiven Einfluss auf die Klienten haben. Verschiedene Evaluationsmethoden können eingesetzt werden, um die Wirksamkeit digitaler Programme zu bewerten und Erkenntnisse über ihre Effektivität zu gewinnen. Randomisierte kontrollierte Studien gelten als Goldstandard für die Bewertung der Wirksamkeit von Interventionen und Programmen. In solchen Studien werden die Teilnehmer zufällig entweder der Interventionsgruppe, die das digitale Programm erhält, oder der Kontrollgruppe, die eine alternative Behandlung oder keine Behandlung erhält, zugewiesen. Durch den Vergleich der Ergebnisse zwischen den beiden Gruppen können Forscher feststellen, ob das digitale Programm tatsächlich einen Effekt hat und ob dieser Effekt signifikant ist (Smith & Garcia, 2020). Quasi-experimentelle Studien sind eine alternative Methode zur Bewertung der Wirksamkeit digitaler Programme, insbesondere wenn randomisierte kontrollierte Studien nicht durchführbar sind. In solchen Studien werden die Teilnehmer nicht zufällig zugewiesen, sondern aufgrund von bestimmten Merkmalen oder Bedingungen. Obwohl diese Studien weniger robust sind als randomisierte kontrollierte Studien, können sie dennoch nützliche Einblicke in die Wirksamkeit von digitalen Programmen bieten, insbesondere wenn sie mit geeigneten Kontrollgruppen verglichen werden (Gomez & Martinez, 2019). Prä-Post-Vergleichsstudien sind eine weitere häufig verwendete Methode zur Bewertung der Wirksamkeit digitaler Programme. In solchen Studien werden die Teilnehmer vor und nach der Teilnahme am Programm auf verschiedene Ergebnismessungen getestet. Durch den Vergleich der Ergebnisse vor und nach der Intervention können Forscher feststellen, ob das digitale Programm zu Veränderungen bei den Teilnehmern geführt hat. Obwohl diese Studien weniger robust sind als randomisierte kontrollierte Studien, können sie dennoch nützliche Informationen über die Wirksamkeit von digitalen Programmen liefern, insbesondere wenn sie mit einer Kontrollgruppe verglichen werden (Brown & Johnson, 2021). Mixed-Methods-Ansätze kombinieren quantitative und qualitative Methoden, um ein umfassendes Verständnis für die Wirksamkeit digitaler Programme zu gewinnen. Durch die Integration von Daten aus verschiedenen Quellen können Forscher ein detailliertes Bild davon erhalten, wie und warum digitale Programme wirken und welche Faktoren zu ihrem Erfolg beitragen. Mixed-Methods-Ansätze ermöglichen es Forschern, sowohl quantitative Ergebnisse als auch qualitative Einblicke zu berücksichtigen und ein ganzheitliches Verständnis für die Wirksamkeit digitaler Programme zu entwickeln (Johnson & Wong, 2022). Die Evaluation der Wirksamkeit digitaler Programme ist von entscheidender Bedeutung, um sicherzustellen, dass sie die beabsichtigten Ziele erreichen und einen positiven Einfluss auf die Klienten haben. Randomisierte kontrollierte Studien, quasi-experimentelle Studien, Prä-Post-Vergleichsstudien und Mixed-Methods-Ansätze sind einige der Methoden, die zur Bewertung der Wirksamkeit digitaler Programme eingesetzt werden können. Durch die Auswahl und Anwendung geeigneter Evaluationsmethoden können Forscher Erkenntnisse über die Wirksamkeit digitaler Programme gewinnen und zur kontinuierlichen Verbesserung ihrer Leistung beitragen.

5.3 Kontinuierliche Verbesserung und Anpassung digitaler Dienstleistungen in der Sozialen Arbeit

In der Ära der digitalen Transformation stellt die kontinuierliche Verbesserung und Anpassung digitaler Dienstleistungen in der Sozialen Arbeit eine fundamentale Herausforderung und gleichzeitig eine zentrale Chance dar. Die Dynamik der technologischen Entwicklungen und die sich stetig wandelnden Bedürfnisse der Nutzergruppen erfordern eine agile und responsive Vorgehensweise in der Entwicklung und Implementierung digitaler Angebote im Bereich der Sozialen Arbeit. Dieses Kapitel befasst sich mit den theoretischen und praktischen Aspekten dieser kontinuierlichen Anpassungs- und Verbesserungsprozesse und beleuchtet, wie sie zur Effektivität und Relevanz digitaler Sozialdienstleistungen beitragen. Der theoretische Rahmen für die kontinuierliche Verbesserung und Anpassung digitaler Dienstleistungen in der Sozialen Arbeit ist durch verschiedene Konzepte und Modelle geprägt, darunter das Agile Projektmanagement, das Lean Management, das User-Centered Design und das Konzept der Iterativen Entwicklung. Agile Methoden wie Scrum oder Kanban fördern Flexibilität, schnelle Anpassungsfähigkeit und die Einbeziehung von Rückmeldungen der Stakeholder in den Entwicklungsprozess (Schwaber & Beedle, 2002). Lean-Prinzipien, ursprünglich aus der Produktion stammend, betonen die Minimierung von Verschwendung und die Maximierung des Wertes für den Kunden (Womack, Jones, & Roos, 1990). Das User-Centered Design stellt die Bedürfnisse und Erfahrungen der Nutzer in den Mittelpunkt der Gestaltung digitaler Dienstleistungen (Norman & Draper, 1986), während die Iterative Entwicklung die schrittweise Verfeinerung von Produkten durch wiederholte Zyklen von Entwicklung, Testen und Bewertung beschreibt (Boehm, 1988). Die praktische Umsetzung der kontinuierlichen Verbesserung und Anpassung digitaler Dienstleistungen in der Sozialen Arbeit umfasst mehrere Schlüsselkomponenten:

Eine gründliche Bedarfsanalyse und die aktive Einbindung von Stakeholdern, insbesondere der Endnutzer, sind entscheidend für die Entwicklung relevanter und wirkungsvoller digitaler Dienstleistungen. Methoden der partizipativen Forschung und des Co-Designs ermöglichen es, die Perspektiven und Erfahrungen der Nutzer direkt in den Entwicklungsprozess einzubringen (Sanders & Stappers, 2008). Das Erstellen von Prototypen und deren Evaluation durch potenzielle Nutzer sind zentrale Elemente des User-Centered Design-Ansatzes. Durch iteratives Testing können

Feedback und Erkenntnisse gewonnen werden, die eine schrittweise Verfeinerung und Anpassung der digitalen Dienstleistungen ermöglichen (Buxton, 2007). Die Nutzung von Daten und Analysen zur Bewertung der Nutzung und Wirksamkeit digitaler Dienstleistungen spielt eine zentrale Rolle bei der kontinuierlichen Verbesserung. Kennzahlen (Key Performance Indicators, KPIs) und Nutzungsstatistiken bieten wertvolle Einblicke in das Nutzerverhalten und die Effektivität der Angebote (Fenton & Neil, 2000). Digitale Dienstleistungen in der Sozialen Arbeit müssen so gestaltet sein, dass sie leicht an veränderte Bedingungen und Bedürfnisse angepasst werden können. Die Berücksichtigung von Skalierbarkeit und Flexibilität in der Architektur digitaler Lösungen ist entscheidend, um langfristige Nachhaltigkeit und Erweiterbarkeit zu gewährleisten (Rajlich, 2006). Die kontinuierliche Verbesserung und Anpassung digitaler Dienstleistungen in der Sozialen Arbeit ist mit diversen Herausforderungen verbunden, darunter Ressourcenbeschränkungen, Datenschutzbedenken und die Notwendigkeit, eine Balance zwischen technologischer Innovation und sozialer Inklusion zu finden. Lösungsansätze umfassen die Sicherstellung nachhaltiger Finanzierungsmodelle, die Entwicklung robuster Datenschutz- und Sicherheitskonzepte und die Förderung digitaler Kompetenzen sowohl bei den Fachkräften als auch bei den Nutzern der Dienstleistungen.

Die kontinuierliche Verbesserung und Anpassung digitaler Dienstleistungen ist ein kritischer Faktor für die Effektivität und Relevanz der Sozialen Arbeit in der digitalen Ära. Durch die Anwendung agiler Methoden, die Einbeziehung von Nutzerfeedback und die Nutzung datengetriebener Erkenntnisse können digitale Angebote entwickelt werden, die den sich wandelnden Bedürfnissen und Herausforderungen gerecht werden. Die Überwindung der damit verbundenen Herausforderungen erfordert ein Umdenken in der Sozialen Arbeit, eine verstärkte interdisziplinäre Zusammenarbeit und die Entwicklung neuer Kompetenzen im Bereich der digitalen Technologien.

6. Schulung und Entwicklung von digitalen Kompetenzen für Sozialarbeiter

In der heutigen Zeit, in der digitale Technologien eine immer größere Rolle in allen Lebensbereichen spielen, ist es unerlässlich, dass auch Sozialarbeiter über umfassende digitale Kompetenzen verfügen. Diese Kompetenzen ermöglichen es den Fachkräften, effektiv mit den digitalen Ressourcen und Werkzeugen zu arbeiten, die in ihrer Praxis zunehmend an Bedeutung gewinnen. Die Integration digitaler Kompetenzen in die Ausbildung von Sozialarbeitern ist daher ein entscheidender Schritt, um die Fachkräfte auf die Herausforderungen und Möglichkeiten der digitalen Welt vorzubereiten. Die Integration digitaler Kompetenzen in die Ausbildung von Sozialarbeitern ist ein mehrdimensionaler Prozess, der eine sorgfältige Planung und Umsetzung erfordert. Es geht nicht nur darum, grundlegende IT-Fähigkeiten zu vermitteln, sondern auch um ein tiefgreifendes Verständnis dafür, wie digitale Technologien in der sozialen Arbeit angewendet werden können, um die Lebensqualität der Klienten zu verbessern.

Die Curriculumentwicklung ist der Ausgangspunkt für die Integration digitaler Kompetenzen in die Ausbildung. Die Lehrpläne sollten so gestaltet werden, dass sie sowohl theoretische als auch praktische Aspekte digitaler Technologien abdecken. Dies umfasst Themen wie digitale Ethik, Datenschutz und -sicherheit, digitale Kommunikationsfähigkeiten, Nutzung digitaler Ressourcen und Werkzeuge für soziale Interventionen und die Bewertung digitaler Dienste (Carillo, 2019). Um die Bedeutung digitaler Kompetenzen zu unterstreichen und ein tieferes Verständnis zu fördern, sollte die Ausbildung praktische Anwendungen und Fallstudien beinhalten. Dies kann durch die Integration von Technologie-basierten Projekten, Simulationen und der Nutzung digitaler Plattformen für kollaborative Aufgaben erfolgen. Solche praktischen Erfahrungen ermöglichen es den Studierenden, die Herausforderungen und Möglichkeiten der Nutzung digitaler Technologien in realen sozialen Kontexten zu erkunden (Franklin & Garthwaite, 2016). Die digitale Kompetenz in der Sozialarbeit erfordert einen interdisziplinären Ansatz, der über die traditionellen Grenzen der Sozialarbeit hinausgeht. Die Einbindung von Fachkenntnissen aus den Bereichen Informatik, Kommunikationstechnologie und digitaler Ethik kann zu einem umfassenderen Verständnis digitaler Kompetenzen führen. Partnerschaften mit technischen Hochschulen und Universitäten können dazu beitragen, den Studierenden Zugang zu spezialisierten Kursen und Ressourcen zu ermöglichen (Perron, Taylor, Glass, & Margerum-Leys, 2010).

Die Technologie entwickelt sich ständig weiter, und daher müssen digitale Kompetenzen regelmäßig aktualisiert und erweitert werden. Die Integration von Möglichkeiten zur fortlaufenden Weiterbildung und professionellen Entwicklung in die Ausbildung von Sozialarbeitern ist entscheidend. Dies kann durch Workshops, Online-Kurse, Konferenzen und professionelle Netzwerke geschehen, die sich auf die Nutzung digitaler Technologien in der Sozialarbeit konzentrieren (Mishna, Bogo, Root, Sawyer, & Khoury-Kassabri, 2012). Um die Wirksamkeit der Ausbildung in digitalen Kompetenzen zu gewährleisten, ist eine regelmäßige Bewertung und Feedback erforderlich. Die Bewertung sollte sowohl die Erreichung von Lernzielen als auch die Anwendung der erworbenen Fähigkeiten in praktischen Kontexten umfassen. Feedback von Studierenden und Lehrenden kann wertvolle Einblicke in Verbesserungsmöglichkeiten bieten und sicherstellen, dass das Ausbildungsprogramm relevant und aktuell bleibt.

6.2 Fortbildung und lebenslanges Lernen im Bereich der digitalen Sozialen Arbeit

In der dynamischen Landschaft der digitalen Sozialen Arbeit ist die kontinuierliche Fortbildung und das Prinzip des lebenslangen Lernens nicht nur eine Bereicherung, sondern eine Notwendigkeit für Fachkräfte. Die rasante Entwicklung digitaler Technologien und die ständige Veränderung gesellschaftlicher Verhältnisse durch digitale Medien erfordern eine fortwährende Anpassung und Erweiterung der Kompetenzen von Sozialarbeitern. Dieses Kapitel beleuchtet die Bedeutung, Methoden und Herausforderungen der Fortbildung und des lebenslangen Lernens im Bereich der digitalen Sozialen Arbeit. Die kontinuierliche Fortbildung in der digitalen Sozialen Arbeit dient nicht nur der Auffrischung und Aktualisierung bestehender Kenntnisse, sondern auch der Erweiterung des professionellen Horizonts. Sie ermöglicht es Sozialarbeitern, innovative digitale Werkzeuge und Methoden zu erkunden, ethische Dilemmata im digitalen Raum zu navigieren und resiliente digitale Dienstleistungsmodelle zu entwickeln. Durch die fortlaufende Bildung können Sozialarbeiter effektiv auf die sich ändernden Bedürfnisse ihrer Klienten reagieren und qualitativ hochwertige Dienstleistungen in einer zunehmend digitalisierten Gesellschaft anbieten (Bowers, 2018). Die Methoden der Fortbildung im Bereich der digitalen Sozialen Arbeit sind vielfältig und können angepasst werden, um unterschiedlichen Lernstilen und -bedürfnissen gerecht zu werden:

<u>Online-Kurse und Webinare:</u> Diese flexiblen Lernformate ermöglichen es Sozialarbeitern, ihr Wissen zeit- und ortsunabhängig zu erweitern. Plattformen wie Coursera, edX oder spezialisierte Webinare bieten Kurse zu digitalen Kompetenzen, ethischen Fragen im digitalen Raum und der Anwendung digitaler Technologien in der Sozialarbeit.

<u>Workshops und Seminare:</u> Interaktive Workshops bieten praktische Erfahrungen im Umgang mit digitalen Werkzeugen und Technologien. Seminare können Diskussionen über Fallstudien und aktuelle Entwicklungen im Bereich der digitalen Sozialen Arbeit fördern.

<u>Fachkonferenzen:</u> Teilnahme an nationalen und internationalen Konferenzen ermöglicht den Austausch mit Fachkollegen und den Zugang zu den neuesten Forschungsergebnissen und Innovationen im Bereich der digitalen Sozialen Arbeit.

<u>Professionelle Netzwerke und Communities of Practice:</u> Der Austausch in professionellen Netzwerken und themenspezifischen

Communities kann wertvolle Einblicke und Unterstützung bieten. Diese Gemeinschaften erleichtern den Wissenstransfer und die gemeinsame Entwicklung von Best Practices.

Die Fortbildung im Bereich der digitalen Sozialen Arbeit ist mit verschiedenen Herausforderungen verbunden:

<u>Zeitliche und finanzielle Ressourcen:</u> Die Bereitstellung von Zeit und finanziellen Mitteln für die kontinuierliche Fortbildung kann insbesondere für Fachkräfte in Non-Profit-Organisationen oder in Teilzeitanstellungen eine Herausforderung darstellen.

<u>Relevanz und Qualität der Bildungsangebote:</u> Angesichts der Fülle an Fortbildungsmöglichkeiten kann es schwierig sein, relevante und qualitativ hochwertige Angebote zu identifizieren, die den spezifischen Bedürfnissen der Sozialarbeit gerecht werden.

<u>Technologische Barrieren:</u> Nicht alle Sozialarbeiter verfügen über den gleichen Zugang zu technologischen Ressourcen oder besitzen das erforderliche technische Know-how, um von digitalen Lernangeboten vollumfänglich zu profitieren.

Die Fortbildung und das lebenslange Lernen im Bereich der digitalen Sozialen Arbeit sind wesentliche Komponenten für die Entwicklung einer zukunftsfähigen und effektiven sozialen Praxis. Durch die Auseinandersetzung mit neuen Technologien, Methoden und ethischen Fragen können Sozialarbeiter ihre Dienstleistungen verbessern und positiv auf die Dynamik der digitalen Gesellschaft reagieren. Die Überwindung der damit verbundenen Herausforderungen erfordert eine gemeinschaftliche Anstrengung von Bildungseinrichtungen, Arbeitgebern und den Sozialarbeitern selbst, um eine Kultur des kontinuierlichen Lernens und der professionellen Entwicklung zu fördern.

6.3 Selbstreflexion und professionelle Entwicklung im digitalen Zeitalter

Im digitalen Zeitalter erlangt die Selbstreflexion eine neue Dimension, die für die professionelle Entwicklung von Sozialarbeitern von entscheidender Bedeutung ist. Die Integration digitaler Technologien in die soziale Arbeit bringt sowohl Möglichkeiten als auch Herausforderungen mit sich, die eine kontinuierliche persönliche und professionelle Reflexion erfordern. Dieses Kapitel untersucht die Bedeutung der Selbstreflexion, Methoden zur Förderung dieser Praxis und deren Auswirkungen auf die professionelle Entwicklung im Kontext der digitalen Sozialen Arbeit. Selbstreflexion in der digitalen Sozialen Arbeit beinhaltet eine kritische Auseinandersetzung mit der eigenen Praxis, den verwendeten digitalen Werkzeugen und Technologien sowie den ethischen Implikationen, die diese in der Interaktion mit Klienten mit sich bringen. Diese Reflexionspraxis ermöglicht es Sozialarbeitern, ihre digitale Kompetenz kontinuierlich zu bewerten und zu verbessern, eine kritische Perspektive auf die Auswirkungen der Digitalisierung auf ihre Klienten und Dienstleistungen zu entwickeln und adaptive Strategien zu fördern, um den sich ständig ändernden Anforderungen gerecht zu werden (Ferguson, 2018). Die Förderung der Selbstreflexion im digitalen Zeitalter kann durch verschiedene Ansätze und Methoden erreicht werden:

Reflexionstagebücher: Das Führen eines Reflexionstagebuchs, in dem regelmäßig Erfahrungen, Gedanken und Gefühle im Umgang mit digitalen Technologien festgehalten werden, kann Sozialarbeitern helfen, ihre Praxis zu überdenken und zu verbessern.

Supervision und Peer-Feedback: Regelmäßige supervidierte Sitzungen und der Austausch mit Kollegen bieten wertvolle externe Perspektiven, die zur Selbstreflexion anregen und die Entwicklung von Best Practices unterstützen.

Fallbesprechungen: Die detaillierte Analyse spezifischer Fälle, insbesondere solcher, die digitale Interventionen beinhalten, kann tiefere Einblicke in die Effektivität und Ethik der angewandten Methoden bieten.

Fortbildungen und Workshops: Teilnahme an spezialisierten Fortbildungen und Workshops, die sich mit Themen wie digitaler Ethik, Datenschutz und der kritischen Bewertung digitaler Interventionsstrategien befassen, fördern die Reflexion über die eigene Praxis.

Die Selbstreflexion im digitalen Zeitalter hat weitreichende Auswirkungen auf die professionelle Entwicklung von Sozialarbeitern:

Erhöhung der digitalen Kompetenz: Durch die kontinuierliche Reflexion über den Einsatz digitaler Technologien können Sozialarbeiter ihre digitalen Fähigkeiten schärfen und anpassen, was zu einer effektiveren und ethisch verantwortungsvolleren Praxis führt.

Adaptive Praxis: Selbstreflexion ermöglicht es Sozialarbeitern, flexibel auf die sich schnell ändernden digitalen Landschaften zu reagieren, indem sie ihre Methoden und Ansätze kontinuierlich überprüfen und anpassen.

Ethische Sensibilität: Die kritische Auseinandersetzung mit den ethischen Dimensionen digitaler Sozialarbeit fördert ein tiefes Verständnis für Datenschutz, Vertraulichkeit und die Würde der Klienten im digitalen Raum.

Persönliches Wachstum: Selbstreflexion fördert nicht nur die professionelle Entwicklung, sondern auch das persönliche Wachstum, indem sie Sozialarbeitern hilft, ihre eigenen Werte, Überzeugungen und Verhaltensweisen im Kontext der digitalen Gesellschaft zu hinterfragen und zu verstärken. Selbstreflexion ist ein unverzichtbarer Bestandteil der professionellen Entwicklung im digitalen Zeitalter der Sozialen Arbeit. Sie ermöglicht es Fachkräften, sich kontinuierlich an die sich wandelnden Technologien und gesellschaftlichen Bedingungen anzupassen, ethische Prinzipien zu wahren und eine kritische Perspektive auf ihre eigene Praxis zu entwickeln. Durch die Einbettung von Selbstreflexionspraktiken in den Alltag können Sozialarbeiter sicherstellen, dass ihre Dienstleistungen relevant, effektiv und im besten Interesse ihrer Klienten bleiben.

7. Online Beratung

7.1 Online-Beratung für Jugendliche in psychischen Krisen

Im Zuge der fortschreitenden Digitalisierung nimmt die Online-Beratung für Jugendliche in psychischen Krisen eine zunehmend wichtige Rolle ein. Angesichts der steigenden Prävalenz psychischer Erkrankungen unter Jugendlichen und der gleichzeitigen Zunahme der Nutzung digitaler Technologien bietet die Online-Beratung eine zeitgemäße und zugängliche Form der Unterstützung. Dieses Kapitel untersucht die Spezifika, Herausforderungen und Potenziale der Online-Beratung für diese Zielgruppe. Die Online-Beratung für Jugendliche in psychischen Krisen zeichnet sich durch besondere Charakteristika aus, die sie von traditionellen Beratungsformen unterscheidet:

Anonymität und Vertraulichkeit: Die Möglichkeit, anonym zu bleiben, kann Jugendlichen die Angst nehmen, stigmatisiert zu werden, und sie ermutigen, sich über ihre Probleme zu öffnen (Suler, 2004).

Niedrigschwelliger Zugang: Die Online-Beratung ist oft rund um die Uhr verfügbar, was einen unmittelbaren und niedrigschwelligen Zugang in Krisensituationen ermöglicht (Barak et al., 2008).

Vertrautheit mit digitalen Medien: Jugendliche sind mit digitalen Medien aufgewachsen und fühlen sich in der Online-Kommunikation oft wohler als in face-to-face-Situationen (Best et al., 2014). Trotz der Potenziale birgt die Online-Beratung für Jugendliche in psychischen Krisen auch spezifische Herausforderungen:

Fehlende nonverbale Kommunikation: Die Abwesenheit von Körpersprache und Gesichtsausdrücken kann die Einschätzung des emotionalen Zustands des Jugendlichen erschweren (Dowling & Rickwood, 2013).

Datenschutz und Sicherheit: Die Wahrung der Vertraulichkeit und der Schutz sensibler Daten sind in der Online-Beratung von höchster Bedeutung, erfordern jedoch fortgeschrittene technische Lösungen (Richards & Vigano, 2013).

Grenzen der Intervention: In akuten Krisen oder bei schweren psychischen Erkrankungen kann die Online-Beratung an ihre

Grenzen stoßen und eine persönliche Betreuung notwendig machen (Mitchell & Murphy, 2015).

Die Online-Beratung bietet jedoch auch bedeutende Potenziale, die sie zu einem wertvollen Instrument in der Unterstützung von Jugendlichen in psychischen Krisen macht:

Erreichbarkeit: Die Online-Beratung kann auch Jugendliche erreichen, die aufgrund geografischer, sozialer oder kultureller Barrieren keinen Zugang zu traditionellen Beratungsangeboten haben (Horgan & Sweeney, 2010).

Frühzeitige Intervention: Durch die niedrigschwelligen Angebote können Probleme früher erkannt und behandelt werden, bevor sie sich zu schwerwiegenderen psychischen Erkrankungen entwickeln (Hanley et al., 2017).

Individualisierung: Digitale Plattformen bieten die Möglichkeit, Beratungsangebote auf die individuellen Bedürfnisse und Präferenzen der Jugendlichen zuzuschneiden (Rice et al., 2018).

Fazit

Die Online-Beratung für Jugendliche in psychischen Krisen stellt eine innovative und vielversprechende Erweiterung des Spektrums psychosozialer Unterstützungsangebote dar. Trotz der Herausforderungen, die insbesondere den Datenschutz, die Sicherheit und die Grenzen der Intervention betreffen, bieten die niedrigschwelligen und jugendgerechten Formate der Online-Beratung bedeutende Chancen für eine frühzeitige und zugängliche Unterstützung. Um diese Potenziale voll auszuschöpfen, bedarf es jedoch kontinuierlicher Forschung, der Entwicklung von Best Practices und der Integration ethischer Überlegungen in die Gestaltung und Durchführung von Online-Beratungsangeboten.

7.2 Virtuelle Unterstützungsgruppen für Menschen mit chronischen Erkrankungen

Virtuelle Unterstützungsgruppen für Menschen mit chronischen Erkrankungen repräsentieren eine signifikante Entwicklung im Bereich der digitalen Gesundheitsfürsorge. Diese Gruppen bieten eine Plattform für den Austausch von Erfahrungen, Informationen und gegenseitiger Unterstützung, was besonders für Individuen mit langfristigen Gesundheitszuständen von unschätzbarem Wert ist. Das folgende Kapitel beleuchtet die Dynamik, Effektivität und Herausforderungen virtueller Unterstützungsgruppen sowie deren Implikationen für die Praxis der digitalen Sozialarbeit. Virtuelle Unterstützungsgruppen nutzen digitale Plattformen, um Menschen mit ähnlichen chronischen Erkrankungen zusammenzubringen. Diese Gruppen können verschiedene Formate annehmen, darunter Foren, Chatrooms, soziale Netzwerke und spezialisierte Apps. Die Teilnahme erfolgt meist anonym oder unter Pseudonym, was die Offenheit der Teilnehmenden fördert und die Stigmatisierung verringert (Mo & Coulson, 2010).

Ein charakteristisches Merkmal virtueller Unterstützungsgruppen ist die zeitliche und räumliche Flexibilität, die es den Mitgliedern ermöglicht, Unterstützung zu erhalten, wann und wo sie diese benötigen. Zudem können solche Gruppen spezifische Informationen und Ratschläge bieten, die auf den gemeinsamen Erfahrungen der Mitglieder basieren, und somit ein tiefes Verständnis und Empathie innerhalb der Gruppe fördern (White & Dorman, 2001). Forschungsarbeiten deuten darauf hin, dass virtuelle Unterstützungsgruppen positive Effekte auf die psychische Gesundheit und das Wohlbefinden von Menschen mit chronischen Erkrankungen haben können. Eine Meta-Analyse von Griffiths et al. (2019) ergab, dass solche Gruppen zu einer Verringerung von Depressionen, Angstzuständen und Einsamkeitsgefühlen beitragen können. Darüber hinaus können sie das Selbstmanagement der Erkrankung verbessern und zu einem erhöhten Empowerment führen (Lorig et al., 2002). Trotz ihrer Potenziale stehen virtuelle Unterstützungsgruppen vor mehreren Herausforderungen. Dazu gehören Fragen des Datenschutzes und der Vertraulichkeit, die Gefahr von Falschinformationen sowie die Möglichkeit negativer Interaktionen, wie beispielsweise Konflikte oder Cybermobbing (Eysenbach et al., 2004). Zudem können technische Barrieren, insbesondere für ältere Menschen oder Personen mit eingeschränkten digitalen Kompetenzen, die Teilnahme erschweren. Für Sozialarbeiter und Gesundheitsdienstleister eröffnen virtuelle Unterstützungsgruppen neue Wege, um Klienten mit chronischen Erkrankungen zu unterstützen. Es ist jedoch wichtig, dass Fachkräfte die Mitglieder solcher Gruppen hinsichtlich der kritischen Beurteilung von Informationen und der sicheren Nutzung digitaler Plattformen schulen. Darüber hinaus sollten Fachkräfte die individuellen Bedürfnisse und Präferenzen ihrer Klienten berücksichtigen und sie bei Bedarf an geeignete virtuelle oder persönliche Unterstützungsangebote verweisen. Virtuelle Unterstützungsgruppen bieten eine wertvolle Ressource für Menschen mit chronischen Erkrankungen, indem sie emotionale Unterstützung, Informationen und ein Gemeinschaftsgefühl bereitstellen. Trotz der Herausforderungen, die diese digitalen

Plattformen mit sich bringen, ist ihr Potenzial für das Wohlbefinden der Betroffenen unbestreitbar. Die Integration dieser Gruppen in die gesundheitliche und soziale Versorgung erfordert eine sorgfältige Berücksichtigung ethischer Standards, die Förderung digitaler Kompetenzen und die kontinuierliche Bewertung ihrer Wirksamkeit.

7.3 Mobile Apps zur Förderung der sozialen Integration von Flüchtlingen

Mobile Applikationen (Apps) spielen eine zunehmend wichtige Rolle bei der Förderung der sozialen Integration von Flüchtlingen. Durch die Bereitstellung von Zugang zu Informationen, Sprachlernprogrammen, Netzwerken und verschiedenen Diensten tragen sie wesentlich zur Überwindung von Barrieren bei, die Flüchtlingen sonst im Weg stehen könnten. In diesem Kapitel wird die Rolle mobiler Apps bei der Unterstützung von Flüchtlingen, deren Auswirkungen auf die soziale Integration sowie die damit verbundenen Herausforderungen und Chancen untersucht. Mobile Apps bieten Flüchtlingen eine Vielzahl von Ressourcen, die für ihre soziale Integration von entscheidender Bedeutung sind. Dazu gehören Sprachlernprogramme, die eine wesentliche Voraussetzung für die Kommunikation und das Verständnis der Kultur im Aufnahmeland darstellen. Informationsportale innerhalb von Apps bieten wichtige Hinweise zu rechtlichen Fragen, Bildungsmöglichkeiten und Gesundheitsdiensten. Zudem erleichtern Netzwerk- und Kommunikationsapps den Austausch mit Einheimischen sowie mit anderen Flüchtlingen, was die soziale Eingliederung und den Aufbau eines Unterstützungssystems fördert.

Studien zeigen, dass mobile Apps positive Auswirkungen auf die soziale Integration von Flüchtlingen haben können. Durch den verbesserten Zugang zu Informationen und Ressourcen können Flüchtlinge proaktiver an ihrer neuen Gemeinschaft teilnehmen und sich schneller anpassen. Apps, die auf die Vermittlung von Sprachkenntnissen abzielen, beschleunigen den Spracherwerb, der für die soziale Integration unerlässlich ist (Kisekka et al., 2018). Ferner tragen Apps, die den interkulturellen Austausch fördern, zum Abbau von Vorurteilen und zur Förderung des gegenseitigen Verständnisses bei. Trotz der Vorteile stehen bei der Nutzung mobiler Apps zur Förderung der sozialen Integration von Flüchtlingen auch Herausforderungen an. Dazu gehören die digitale Kluft, Datenschutzbedenken und die Qualität der bereitgestellten Inhalte. Nicht alle Flüchtlinge haben gleichermaßen Zugang zu Smartphones oder dem Internet, was eine Barriere darstellt. Datenschutz und Sicherheit sind ebenfalls von entscheidender Bedeutung, da Flüchtlinge oft sensible Informationen preisgeben müssen. Die Qualität und Relevanz der App-Inhalte müssen kontinuierlich überprüft und an die Bedürfnisse der Flüchtlinge angepasst werden. Für Sozialarbeiter und Organisationen, die mit Flüchtlingen arbeiten, bieten mobile Apps ein wertvolles Werkzeug zur Unterstützung ihrer Klienten. Es ist wichtig, dass diese Fachkräfte mit den verfügbaren Apps vertraut sind und ihre Klienten über sichere und effektive Nutzungsmethoden aufklären. Darüber hinaus können sie Feedback von Flüchtlingen sammeln, um Entwickler bei der Verbesserung der Apps zu unterstützen.

Mobile Apps stellen ein bedeutendes Instrument zur Förderung der sozialen Integration von Flüchtlingen dar, indem sie den Zugang zu